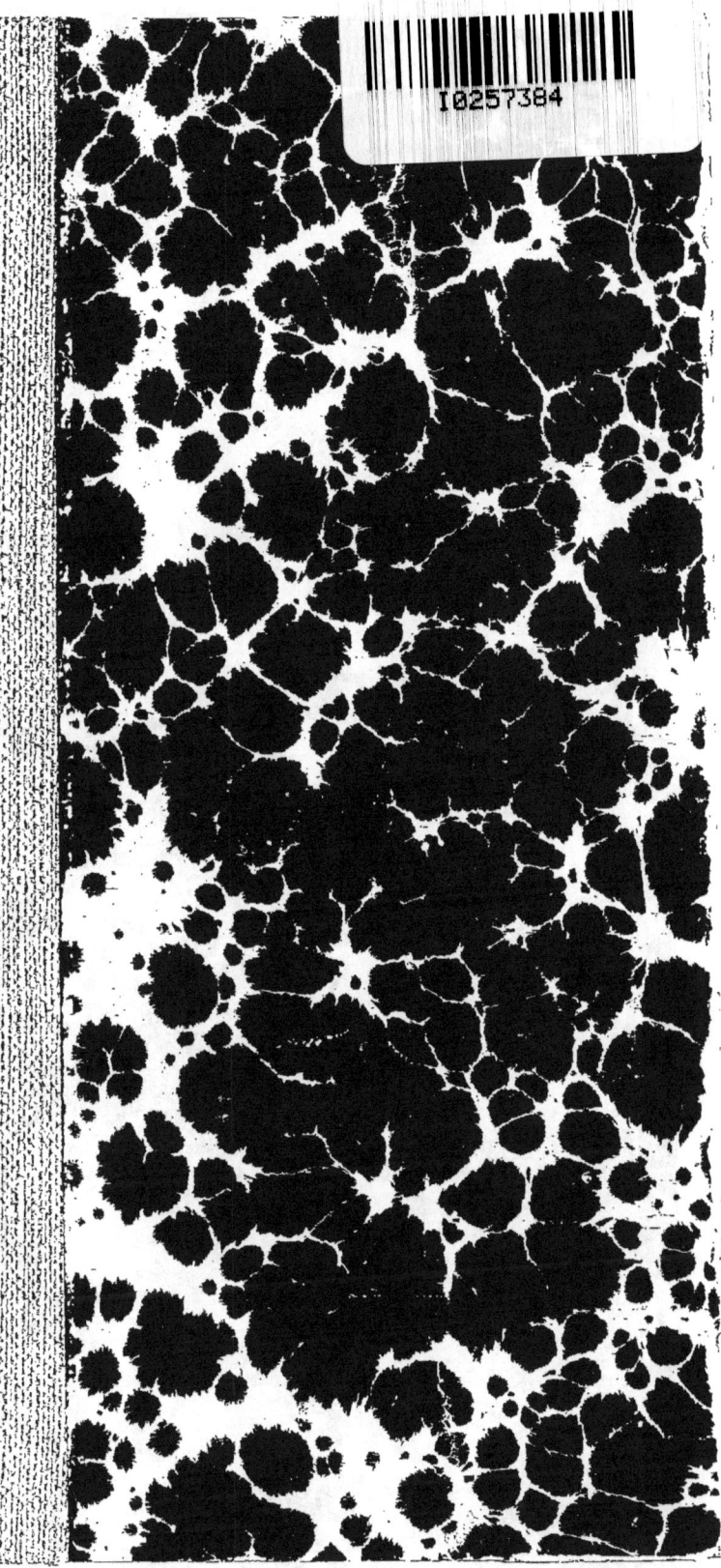

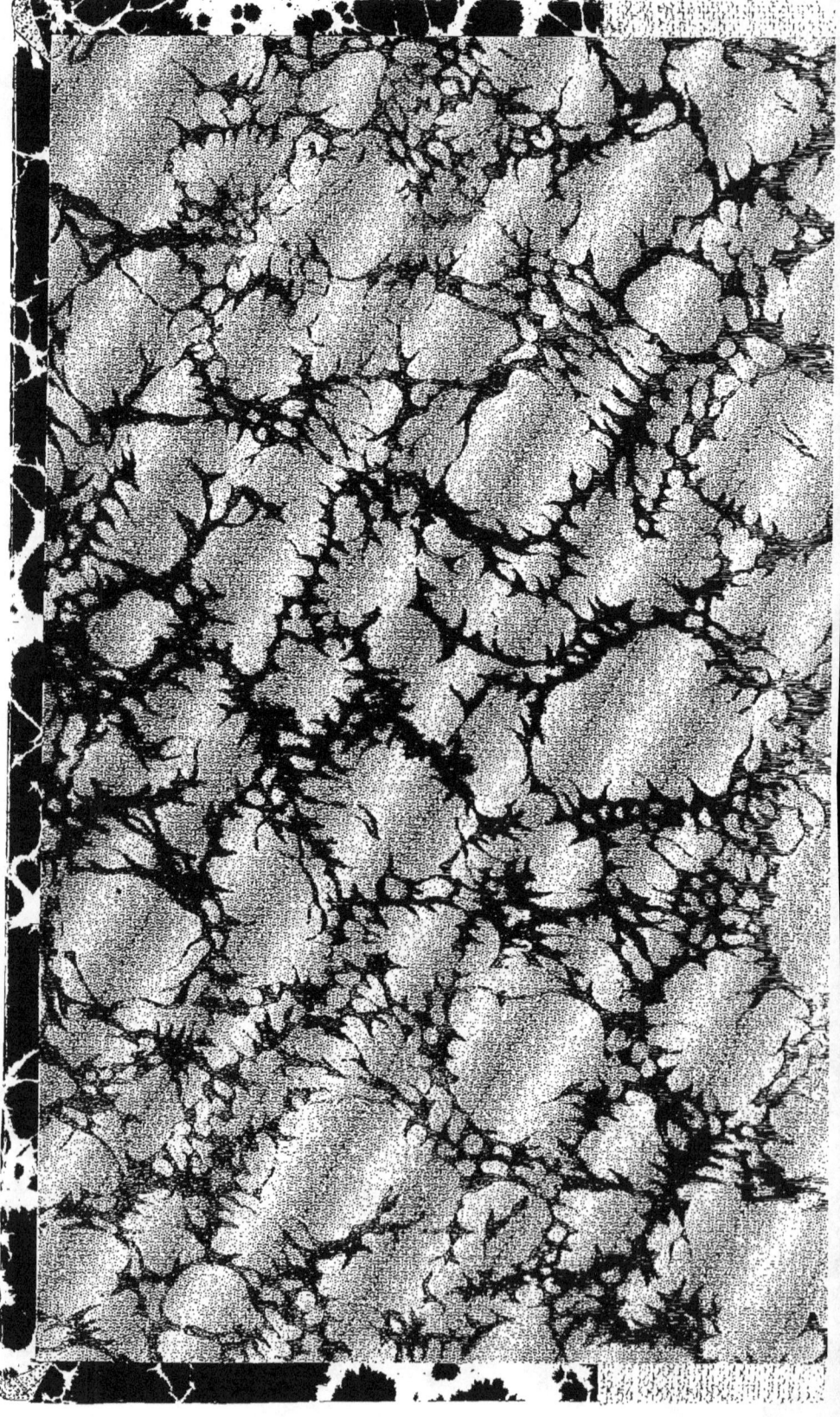

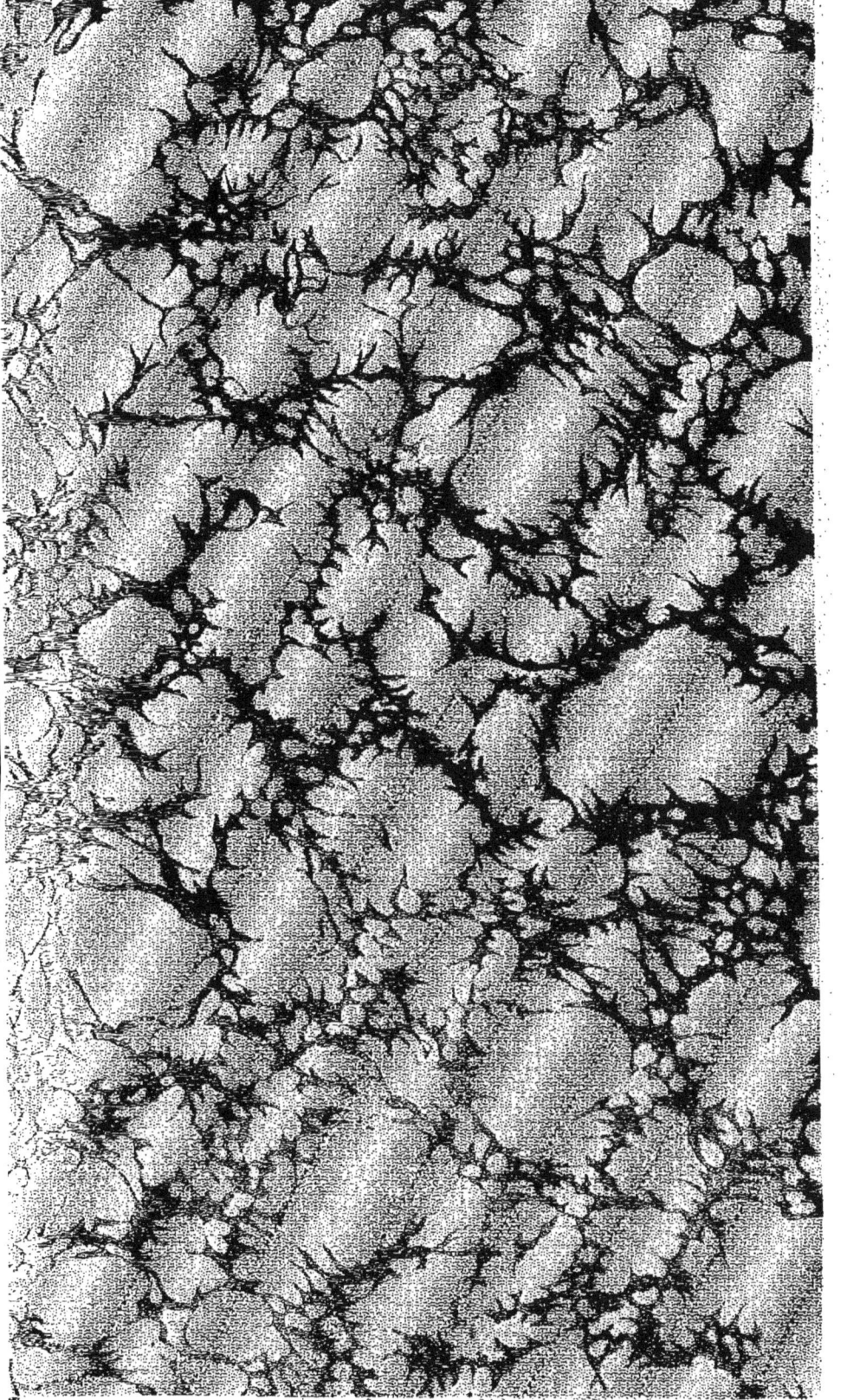

MERTENS REL

FAITS DIVERS

DE

L'ANNÉE 1881

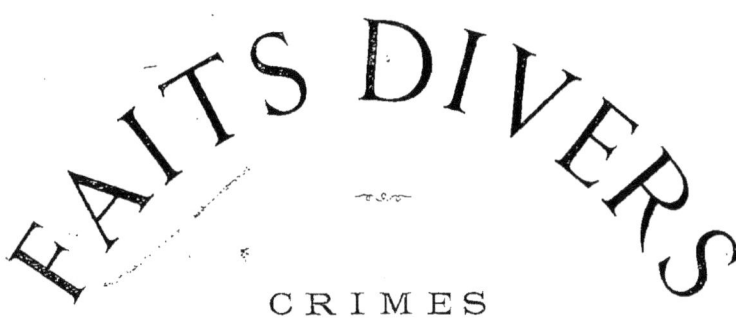

FAITS DIVERS

CRIMES
DÉLITS — ACCIDENTS

DE

L'ANNÉE 1881

PARIS

JULES ROUFF, ÉDITEUR

14, CLOITRE SAINT-HONORÉ, 14

—

1882

Tous droits réservés

Nous recevons de l'auteur ou plutôt du compilateur de ce livre la lettre suivante :

Monsieur l'Éditeur,

Vous voulez une préface.
Est-elle bien utile pour ce livre intitulé **Les Faits divers de l'année 1881?**
La préface, en général, n'est pas aussi nécessaire qu'on le croit...
Doit-elle expliquer le livre?
Un livre bien fait n'a pas besoin d'explication, et si, par un malheur assez commun, le livre est incompréhensible, la préface, si brillante qu'elle soit, ne saurait éclairer le lecteur.
Si le livre est bon, bien fait, bien conçu, toute

préface est inutile; non seulement inutile, mais encore... oserons-nous l'écrire... nuisible.

Quelques grands auteurs contemporains en ont fait l'expérience. Ils ont fait précéder leurs œuvres de préfaces, et de préfaces à sensation.

L'ouvrage y a-t-il gagné? Mademoiselle de Maupin, ce fameux roman de Théophile Gautier, ne perd-il pas un peu de sa couleur aux yeux de celui qui commence par lire l'étincelante préface dont l'auteur a cru devoir augmenter son volume?

Quand on lit le théâtre d'Alexandre Dumas fils, n'est-on pas distrait des pièces elles-mêmes par ces préfaces magistrales qui les accompagnent et surtout les précèdent?

Le même danger, il est vrai, n'est pas à craindre de notre part.

Cependant, toute question de modestie mise à part, le livre que voici peut se présenter devant le public sans qu'il soit besoin de précautions oratoires, seul, tel qu'il est.

Depuis ces dernières années, en effet, la mode est aux documents. Il n'est personne qui n'imprime ses mémoires. Les uns écrivent les annales de la science, les autres, celles du théâtre, de la musique... Pourquoi les faits de chaque jour n'auraient-ils pas leur historiographe aussi?... Il ne s'agit plus ici d'art ni de fantaisie. C'est la vérité, c'est la réalité elle-même qui s'offre à tous. En ce temps de naturalisme à outrance, on nous saura peut-être gré de nous être occupé de la vérité. Nous ne la travestissons pas, nous ne l'enlaidissons pas, nous ne l'embellissons pas ; nous la reproduisons telle qu'elle est, toute nue, sortant du fond de son puits.

Ce livre de vérité, ce livre de bonne foi a son utilité. Le romancier y trouvera mille faits, mille épisodes aidant son imagination ; les philosophes, les moralistes et les légistes y verront de graves sujets de méditations et de réformes. A côté du sévère, on rencontrera aussi quelque peu de plaisant. Si Héraclite pleure souvent, Démocrite rira quelquefois.

Le titre de ce volume : Les faits divers de l'année, ne trompe pas ; c'est bien l'année 1881 qui publie son autobiographie chez M. Rouff, et, comme aurait dit quelque élégant professeur de la vieille Sorbonne : « Dicté au jour le jour par le Temps, ce livre a été écrit par

JOSEPH PRUD'HOMME. »

JANVIER

JANVIER

UN CHANGEMENT A VUE

5 janvier.

Une fille de brasserie, jolie blonde, nommée Marie Haremont, regagnait, vers deux heures du matin, son domicile, situé dans la rue des Récollets. Deux anciens rivaux, un garçon de salle et un employé, devenus amis depuis que la belle leur a fermé son cœur, la suivaient, la menaçant de lui faire *son affaire*.

Effrayée, elle courut vers une voiture qui passait, demandant au cocher de la reconduire. Deux personnes s'y trouvaient qui, émues de l'accent suppliant de cette jeune et jolie fille, descendirent de voiture pour lui céder la place. Le cocher fouetta son cheval; mais, en entrant dans la rue d'Alsace, les deux individus sautèrent à la bride du cheval et le cocher dut leur administrer une volée de coups de fouet pour les faire lâcher. Il conduisit ensuite Marie

Haremont au poste de la rue d'Alsace, où elle raconta son aventure aux gardiens de la paix.

Sur l'ordre du sous-brigadier de garde, deux agents montèrent à ses côtés, et la voiture reprit sa course. A l'angle de la rue de Metz et de la rue de Strasbourg, les deux agresseurs, dissimulés dans l'encoignure d'une porte cochère, se précipitèrent sur les portières. On juge de leur surprise : au lieu d'y surprendre l'infidèle, ils se trouvèrent face à face avec les gardiens de la paix ; cette fois, ils abandonnèrent la partie et s'enfuirent à toutes jambes. Les agents, sautant à terre, se mirent à leur poursuite et les rattrapèrent près de la gare de l'Est.

Ils furent consignés à la disposition de M. Collas, commissaire de police. Le cocher, riant à gorge déployée, fit claquer ironiquement son fouet lorsqu'ils repassèrent près de la voiture, déconfits et penauds, entre les mains des agents, et reconduisit la jeune fille, rassurée et tranquille, dans la rue des Récollets.

SOULIERS A DOUBLES SEMELLES

7 janvier.

On avait amené, devant M. Dodieau, commissaire de police du quartier des Halles, un individu, nommé Hensquin, qui venait de dérober une montre en or dans la boutique de M. Schmitt, horloger, rue de Vannes.

Hensquin soutenait énergiquement son innocence; sur l'ordre du commissaire de police, un agent le fouilla de la tête aux pieds et ne trouva rien. M. Schmitt, qui avait accompagné son voleur devant le magistrat, commençait déjà à se repentir d'avoir provoqué l'arrestation d'un innocent, quand un agent de la sûreté poussa un cri de triomphe.

Frappé de l'épaissseur insolite des semelles des chaussures de Hensquin, il avait eu l'idée de les fendre avec son couteau. Les semelles étaient de véritables boîtes à bijoux, dans lesquelles on trouva, non seulement la montre en or de M. Schmitt; mais des bagues et des bracelets, dont le voleur a refusé de faire connaître la provenance.

Hensquin, qui a déjà plusieurs condamnations à son actif, a été envoyé au Dépôt.

CHAGRIN D'AMOUR

8 janvier.

Le chef de poste de la caserne de l'École militaire faisait sa ronde habituelle vers minuit et demi, lorsqu'il aperçut, blottie dans un angle de la cour de la caserne, une jeune fille assez pauvrement vêtue. Il croyait avoir affaire à quelque rôdeuse des environs et lui intimait l'ordre de sortir, lorsqu'il s'aperçut qu'elle tenait à la main un revolver. Il alla quérir deux gardiens de la paix. Elle se laissa arrêter sans résistance et leur remit son arme chargée de six coups.

C'était une jeune domestique de vingt-deux ans, employée chez un négociant de la rue Saint-Denis. Elle s'était laissé séduire par les beaux yeux et les fines moustaches d'un sieur P..., adjudant, qui, après l'avoir rendue mère, l'avait quittée; elle s'introduisit alors, vers sept heures du soir, dans la cour de la caserne et passa la soirée à rôder de côté et d'autre à la recherche de l'infidèle, qu'elle avait résolu de tuer. En apercevant le chef de poste, elle s'était pelotonnée dans un coin pour échapper à ses regards. Mais nul n'échappe à un soldat vigilant.

LE PÈRE DE LA *MASCOTTE*

8 janvier.

Le père de Mlle Montbazon, ancien acteur de l'Ambigu, est atteint d'aliénation mentale. On a dû l'enfermer dans une maison de santé.

Un soir, après une lutte avec son gardien, Montbazon lui échappa, se sauva dans une cour, et, grimpant vivement sur un petit pavillon qui est adossé à l'un des angles de cette cour, escalada le mur de la maison en se servant des crochets agrafant la gouttière en cet endroit.

Il courut dans la direction de Paris jusqu'à ce qu'i rencontrât une voiture. Il se fit conduire chez une dame B..., amie de sa famille. Mme B... lui demanda s'il n'avait pas besoin d'argent. Il répondit négativement et partit aussitôt.

Quelques instants après, il remontait les escaliers et sonnait de nouveau à la porte de Mme B... Celle-ci, déjà très effrayée par sa première visite, n'osa pas rouvrir sa porte. L'infortuné alla carillonner à d'autres portes dans la même maison ; mais à peine avait-il sonné qu'il s'en allait. Alors le cocher le conduisit, sur son ordre, à l'Ambigu.

Il se précipita dans le théâtre par l'entrée des artistes, pâle, l'œil hagard, les cheveux en désordre, au moment où allait commencer le quatrième acte de *Rose Michel*.

Il court à travers les escaliers, descend, traverse la scène au moment où le régisseur se préparait à frapper les trois coups et va, seul, s'asseoir au foyer des artistes, sans chapeau, sans cravate, le paletot mis à l'envers et tout couvert de boue.

Le régisseur entre au foyer un peu inquiet. Montbazon lui tend la main, dit qu'il vient voir ses camarades, et monte l'escalier conduisant à l'administration et aux loges ; en effet, il court d'abord vers le bureau du directeur, se rend à la loge où il s'habillait il y a quelques mois, puis il disparaît on ne sait où ni comment.

On fait une battue !... Personne !...

En quittant l'Ambigu, M. Montbazon s'était fait conduire dans sa voiture, rue du Bac, à Asnières, où il demeure ; mais il ne trouva personne et il se rendit chez Mme Thérésa, qui le garda jusqu'à l'arrivée du train de minuit trente-cinq, par lequel M. Haymé, Mme et Mlle Montbazon (*la Mascotte*) retournent tous les soirs à Asnières.

La famille a gardé le malade.

—◇—

UN GYMNASTE IMPRUDENT

10 janvier.

Sur l'échafaudage d'une maison en construction devant le passage Fougeat, un ouvrier maçon, aux regards ébahis des curieux, se livrait, avec un sac de plâtre sur la tête, à une série d'exercices acrobatiques. Il alla même jusqu'à parier, avec un de ses camarades, qu'il monterait jusqu'au faîte de la maison, le long d'une perche, et cela en s'aidant d'une seule main.

Il venait d'accomplir ce périlleux exercice quand, ayant voulu prendre le sac de plâtre entre ses dents, il glissa et vint rouler, de la hauteur d'un troisième étage, sur le pavé de la rue, où il se brisa le crâne sur le bord du trottoir.

C'est un nommé Petit, qui avait été autrefois employé comme gymnasiarque dans un cirque forain.

Le proverbe est vrai : les bons nageurs seuls se noient.

—◇—

UN FOU QUI SE NOIE

12 janvier.

Deux agents de la sûreté conduisaient en voiture de place un malheureux aliéné. La voiture venait de s'engager sur le Pont-Neuf, quand le fou, ouvrant brusquement la portière, sauta à terre et, se dirigeant vers le parapet qu'il enjamba, se précipita dans le fleuve, qui est, comme on sait, très rapide en cet endroit. M. Mézot, artiste peintre, qui se trouvait alors sur la berge du quai de l'Horloge, s'est jeté sans hésitation dans le fleuve, pour essayer de sauver l'inconnu.

Mais au bout de peu d'instants, le froid de l'eau paralysa les mouvements du courageux sauveteur, qui eût été en danger de périr lui-même, s'il n'avait eu la présence d'esprit de saisir une perche que lui tendaient les personnes accourues sur la berge.

Pendant qu'on ranimait à grand'peine M. Mézot dans les bureaux de la sûreté, où il a reçu de chaleureuses félicitations, des mariniers se mettaient à la recherche du premier noyé. Le cadavre du pauvre fou n'a pu être retrouvé.

Mme SANTERRE

14 janvier.

Le 14 janvier descendait à Saint-Raphaël une jolie voyageuse, accompagnée de son frère, qui repartit trois semaines après. Le lendemain de son départ un gentleman se présentait :

— C'est mon frère, dit Mme S*** au personnel de l'hôtel.

— Un autre, sans doute, pensa l'hôtelier.

Mme S*** habitait alors au rez-de-chaussée. Il fut décidé qu'on monterait au premier : là, le frère et la sœur prirent un appartement de trois pièces communiquant entre elles. Ils mangèrent à table, servis par les deux bonnes de Mme S***. Les domestiques de l'hôtel étaient tenus à l'écart. A partir de ce moment, les promenades du frère et de la sœur devinrent fréquentes. Le break de l'hôtel était souvent mis à réquisition. Mme S*** et M. Z*** allèrent à Cannes, vinrent à Nice. Un jour, un jeune employé de l'hôtel, un Italien, qui avait conduit Mme S*** et M. Z*** dans la forêt, répondit sous forme de conclusion :

— Pour moi, ce monsieur n'est pas le frère.

Quinze jours plus tard les voyageurs quittèrent

Saint-Raphaël. On fit placer les bagages sur l'omnibus de l'hôtel, et, dans l'intérieur, prirent place M. Z***, Mme S*** et les deux bonnes. Le cocher s'engagea sur le chemin de la gare; mais, en route, la jeune femme lui fit faire un détour : au lieu de prendre le train à Saint-Raphaël, on alla le prendre à Fréjus.

Or le hasard ménageait aux voyageurs une désagréable surprise.

Quand ils arrivèrent à Fréjus, deux messieurs, dont l'un décoré de la Légion d'honneur, se promenaient aux abords de la gare. L'omnibus était à quelques pas d'eux seulement.

Tout à coup l'un de ces messieurs, le décoré, dit à son compagnon en désignant le sommet de la voiture :

« Mais je la reconnais. Voici une malle qui m'appartient. »

Et aussitôt il s'approcha du cocher et l'interrogea :

— A qui ces bagages?

— A une dame.

— D'où vient cette dame ?

— Du Grand-Hôtel de Saint-Raphaël.

— Et où est-elle?

— Dans l'intérieur de la gare.

Le monsieur à la décoration se précipita sur les pas de Mme S***, qu'il trouva munie de son billet.

A son apparition aussi brusque qu'inattendue, Mme S*** devint horriblement pâle. Son mari était devant elle furieux et menaçant.

L'époux outragé se tourna alors vers son compagnon, qui n'était autre que le commissaire de police de Fréjus.

— Monsieur, lui dit-il, nous cherchions ma femme, la voici. Veuillez faire votre devoir.

Procès-verbal dressé, M. S*** dit au commissaire de police :

— Maintenant, laissez-les aller où ils voudront, et nous, continuons notre enquête.

Cette enquête était assez habilement préparée. Que voulait le mari ? Il voulait surprendre sa femme en flagrant délit d'adultère. Pour cela, il était entendu que le commissaire de police, d'autant moins connu à Saint-Raphaël qu'il est nouvellement installé à Fréjus, se présenterait au Grand-Hôtel comme un simple voyageur et s'installerait dans une chambre voisine de l'appartement occupé par Mme S*** et M. Z***. Un serrurier se serait tenu à sa disposition, et la nuit il aurait, au nom de la loi, fait irruption dans le domicile de Mme S***, et constaté, s'il y avait eu lieu, le flagrant délit.

Le départ précipité de Mme S*** et de son amant déjoua tous ces projets. Mais le hasard sert le mari.

L'ILE BARBE

16 janvier.

Depuis plusieurs jours, on apercevait, à l'île Barbe, près de Lyon, une masse informe flottant entre deux eaux contre la berge : cette masse, qu'on prenait pour le cadavre d'un animal, s'était échouée, dans la nuit du dimanche au lundi, au moment de la baisse des eaux, sur un banc de sable.

Deux personnes que la curiosité avait attirées dans cet endroit se trouvèrent en face d'une sorte de paquet formé d'un sac solidement lié et entouré de cordes et de fil de fer.

A l'aide d'un couteau, elles fendirent la toile, et par l'ouverture béante apparut brusquement à leurs yeux épouvantés un visage humain, sanguinolent, la mâchoire fracassée et pendante.

Le sac complètement ouvert laissa apercevoir le corps d'une femme. Les deux jambes coupées à la hauteur de l'aine manquaient. La section était faite par la désarticulation du fémur.

Les mains de la victime, croisées sur la poitrine, étaient attachées ensemble au moyen d'une corde de la grosseur du petit doigt. Cette même corde, à laquelle étaient attachées deux grosses pierres, était enroulée et solidement nouée autour de la taille du cadavre.

On n'a trouvé aucune trace de vêtements. Le corps, complètement nu, était celui d'une femme de vingt-cinq ans environ, brune, plutôt grande que petite, à la figure régulière, la peau blanche, la taille mince et les mains fines.

―◆―

BIGAME SANS LE SAVOIR

17 janvier.

Un incident des plus dramatiques s'est produit à la gare de la rue Verte, à Rouen, au moment de l'arrivée du train express du Havre, à deux heures de l'après-midi.

En ouvrant la portière d'un coupé, le chef du train aperçut un voyageur étendu sur la banquette et la figure tout en sang. Un revolver gisait à côté de lui. Ce malheureux s'était suicidé, quelques instants auparavant, en se tirant dans la bouche un coup de cette arme, dont la détonation avait été à peine entendue au sortir du tunnel. On a trouvé dans ses poches des papiers indiquant que le suicidé était M. Camille Warenhust, négociant du Havre, domicilié à Paris, âgé de cinquante-cinq ans et deux fois millionnaire.

La cause de ce suicide est attribuée à des chagrins intimes. M. Warenhust avait épousé en secondes noces une femme dont le mari passait pour avoir été tué pendant la Commune, en 1871. Or, l'individu qu'on avait cru défunt, avait été condamné et transporté à Nouméa. Le *Navarin* l'avait ramené en France.

Ce retour invraisemblable et terrible aurait plongé M. Warenhust dans une anxiété d'autant plus poignante que son second mariage était des plus heureux, et qu'un enfant adoré en était né.

DANS LA NEIGE

20 janvier.

Un accident terrible est arrivé, à cause de la neige, sur la route de Gennevilliers. Deux cultivateurs, MM. Sylvain et Laforge, domiciliés rue de Colombes, qui étaient partis avant le jour pour se rendre aux Halles, où ils avaient des marchandises en magasin, se sont perdus dans la tourmente de neige. Ces malheureux, ayant marché à travers champs, se sont engagés sur un bassin de dix mètres carrés et de deux mètres de profondeur, situé à peu de distance de la propriété de M. D..., et que la neige recouvrait. La glace s'est brisée sous leurs pieds et tous deux ont été engloutis. A huit heures du matin, les passants ont remarqué des traces de pas et l'ouverture faite par une chute fatale. On s'est mis à l'œuvre et les deux cadavres ont été découverts, puis ramenés au domicile de ces malheureux, qui étaient pères de famille.

LA PETITE BABIN

23 janvier.

La rue des Petites-Écuries fut, ce jour-là, vers quatre heures de l'après-midi, le théâtre d'un terrible accident dont on se souviendra longtemps dans le quartier.

Une petite fille de neuf ans et demi, nommée Georgette Babin, que son père venait de chercher à l'école de la rue de Chabrol, est tombée tout à coup dans une bouche d'égout ouverte sur le milieu de la chaussée, à l'angle de la rue des Petites-Écuries et de la rue d'Hauteville. Cette bouche, spécialement affectée au déversement de la neige, est située sur l'axe du canal de l'égout, pour que la neige qu'on y jette soit rapidement entraînée par l'eau.

M. Babin, fruitier, qui demeure rue de Belzunce,

suivait la rue d'Hauteville, donnant la main à sa petite-fille, quand, en tournant le coin de la rue des Petites-Écuries, un tombereau débusqua devant eux. M. Babin recula d'un pas, tandis que Georgette, qui avait quitté sa main pour prendre son mouchoir dans sa poche, fit un écart plus grand. La bouche d'égout était ouverte derrière elle et l'enfant disparut dans le vide.

Son père, fou de douleur, poussait des cris désespérés. Agenouillé dans la neige, il demandait qu'on le laissât retrouver sa fille, et il fallut que les ouvriers occupés au déchargement des neiges le retinssent de vive force pour l'empêcher de mettre son dessein à exécution.

Les équipes d'égoutiers, les gardiens de la paix, les pompiers de la caserne du Château-d'Eau, à qui l'alarme fut donnée, commencèrent immédiatement des recherches. L'égout dans lequel Georgette Babin est tombée va rejoindre, rue de la Pépinière, le grand collecteur qui se dirige vers Asnières ; chacun a redoublé de zèle pour retrouver le corps de la malheureuse enfant, mais les recherches sont restées sans résultats.

Mme Babin, prévenue brusquement de l'accident arrivé à sa fille, s'est évanouie. Son mari, à bout de souffrances, a dû être transporté dans une pharmacie de la rue d'Hauteville, où des soins lui ont été donnés. De là, deux agents l'ont reconduit à son domicile, où il a retrouvé sa femme et son fils aîné, âgé de dix-sept ans, anéantis par la douleur.

―◆―

INCENDIE DES MAGASINS DU PRINTEMPS

28 janvier.

Un incendie a détruit, en un jour, un de ces immenses magasins qui réunissent dans leurs rayons tout ce que le commerce peut offrir au public, en fait d'étoffes, de confections, d'ameublement, d'objets de toilette et d'articles de Paris.

Les magasins du Printemps occupaient le pâté de maisons compris entre le boulevard Haussmann, la rue du Havre, la rue de Provence et la rue Caumartin. Le public entrait par la grande porte ménagée au coin de la rue du Havre et du boulevard Haussmann. C'est près de cette entrée, sur le boulevard Haussmann, dans le rayon des dentelles, au rez-de-chaussée, que le feu a pris le matin, un peu avant cinq heures et demie. Comment? On ne saura jamais au juste. C'est l'heure où les garçons allument le gaz, et on pense que l'un d'eux aura commis une imprudence. En tout cas, il n'y a que peu de compte à tenir de ces explications que la foule improvise pour satisfaire sa propre curiosité : spéculation sur les assurances, vengeance de petits commerçants contre les grands magasins qui les ruinent, et autres propos qui circulaient de bouche en bouche parmi les milliers de curieux qui se pressaient autour du théâtre de l'incendie. Rien de tout cela n'a l'ombre d'une apparence.

Le feu, trouvant à sa portée des matières inflammables, comme les dentelles, les cartons, les boiseries vernies, se développa promptement. Les employés présents perdirent un peu la tête, et ce n'est qu'au bout de quelques minutes qu'on courut prévenir le propriétaire du magasin, M. Jaluzot, qui était couché. Il passa un pantalon à la hâte, réveilla Mme Jaluzot qui, dans sa précipitation, prit la robe de sa femme de chambre, et, après l'avoir fait sortir, il alla se rendre compte du danger.

Il était pressant ; la fumée avait déjà rempli le grand escalier ; par une coïncidence malheureuse, la clef des bouches d'eau installées dans le magasin pour les cas d'incendie se trouvait précisément dans la partie incendiée, et il a été impossible d'en approcher. Une bouche d'eau située sur le boulevard Haussmann a résisté à tous les efforts qu'on a faits pour l'ouvrir, de sorte que les garçons sont restés sans une goutte d'eau et complètement impuissants jusqu'au moment où les pompiers sont arrivés.

Cependant, il y avait dans les combles du magasin deux cent cinquante employés et employées. M. Jaluzot, prenant un cornet de chasse, courut de corridor en corridor en sonnant et en criant : « Au feu ! au feu ! sauvez-vous ! » Mais les employés avaient été prévenus avant lui et étaient déjà presque tous partis. La plupart, surpris au lit, s'étaient habillés en toute hâte ; quelques-uns, effrayés, s'étaient sauvés à moitié nus. Ils avaient pu sortir sans difficulté par l'escalier du nº 66, sur le boulevard Haussmann. On s'occupa ensuite de sauver la caisse, et on fut assez heureux pour y réussir en partie. M. Jaluzot sortit l'un des derniers ; il n'avait toujours que son pantalon, et, n'ayant rien sauvé de ses vêtements, il alla se faire habiller à la Belle-Jardinière.

En somme, le sauvetage du personnel s'est opéré assez heureusement. On ne signale, en dehors de quelques contusions, résultat de la hâte avec laquelle on s'est enfui, que peu d'accidents parmi les employés. Le groom de M. Jaluzot, par exemple, s'est brûlé les mains. Le pauvre garçon a eu l'imagination frappée et on n'a pu tirer de lui que des explications incohérentes.

Les premiers pompiers arrivèrent des postes voisins vers cinq heures cinquante, mais les pompes à bras ne pouvaient déjà plus avoir d'efficacité, tant les flammes s'étaient propagées rapidement. Elles avaient gagné le premier étage et fait le tour du magasin ; par toutes les fenêtres du boulevard Haussmann, de la rue du Havre et de la rue de Provence, elles sortaient avec violence ; c'est à ce moment qu'a commencé à se répandre cette odeur de roussi qui s'est fait sentir à plus de deux kilomètres au loin et qui provenait des énormes quantités d'étoffes qui brûlaient. L'incendie est devenu terrible, surtout du côté de la rue de Provence ; les flammes léchaient les maisons d'en face, dont les vitres se fendaient sous la chaleur et dont le crépissage a été fortement entamé. C'est de ce côté que les secours se sont surtout portés lorsque, vers six heures et demie, une pompe à vapeur, le colonel Pàris et des soldats du 39e, casernés à la Pépinière, étant arrivés, on a commencé à être sérieusement organisés contre le danger. Les pompiers sont montés dans les maisons et jusque sur les toits, et des torrents d'eau lancés de tous les étages ont éloigné toute crainte de voir le feu gagner de ce côté.

Du côté, sur le boulevard Haussmann, les pompiers avaient hardiment grimpé au premier et au second étage pour projeter leurs lances sur le foyer de l'incendie. Au groupe qui opérait au premier étage était venu se joindre M. Muller, capitaine d'état-major. Tout d'un coup un officier qui surveillait la marche du feu au dehors leur cria : « Sauvez-vous ! le plafond va s'écrouler ! » A peine avaient-ils fait un mouvement pour s'enfuir, que le plafond s'effondra avec fracas. Les uns eurent le temps de s'accrocher aux échelles, les autres sautèrent par les fenêtres : trois se blessèrent légèrement.

— Et Havard ? dit l'un d'eux, quand ils furent remis sur pied sur le trottoir.

— Est-ce qu'il était avec nous ?

— Mais oui, il était à côté de moi.

Des hommes dévoués remontèrent au premier étage, mais l'écroulement avait activé l'incendie sur ce point. Impossible de pénétrer dans l'intérieur. On n'entendait aucun cri. — Il doit être mort, se dirent les pompiers. Pendant près d'une demi-heure on arrosa sans relâche la partie où l'on supposait que devait se trouver Havard ; les hommes étaient grimpés sur les arbres du boulevard pour projeter l'eau plus directement. Enfin, on put rentrer dans la pièce, et sous les décombres on retrouva Havard, vivant encore. On lui passa une corde autour des reins et on le descendit ainsi dans la rue. A la pharmacie Rogers, on constata que tout le bas du corps, à partir du ventre, était brûlé, et qu'il y avait fracture en plusieurs endroits. Le malheureux avait été à la fois écrasé et calciné.

— Courage, mon garçon, lui dit le colonel Pâris, tu seras décoré, j'en réponds.

Le pauvre diable tourna la tête vers lui, en souriant tristement. Il est mort en arrivant à l'hôpital Beaujon, mais il a été décoré après sa mort.

A sept heures, les magasins du Printemps n'étaient plus qu'un immense brasier. La cage de l'ascenseur, faisant office d'une immense cheminée aspirant les flammes, avait répandu l'incendie à tous les étages. Il n'y avait plus aucune chance de rien sauver ; mais les maisons attenantes et celle de la rue de Provence étaient préservées.

Deux cents hommes du 39e de ligne, cinq brigades de sergents de ville, conduites par les officiers de paix Mironneau, Pretat, Pelardy et Brocheton ; M. Caubet, chef de la police municipale ; les généraux Clinchant et Lambert ; MM. le colonel Lichtenstein et Fourneret, envoyés par le Président de la République ; M. Lœwe, procureur de la République, arrivèrent successivement sur les lieux. Le préfet de police, indisposé, n'avait pu se rendre sur le lieu du sinistre. Une foule énorme, prévenue avec cette rapidité avec laquelle les nouvelles circulent dans Paris, se pressait sur toutes les voies qui rayonnent de la rue du Havre.

Le colonel Pâris fit mettre une pompe à vapeur dans la rue de Provence, une autre rue Auber et une autre rue Tronchet. On a eu là un exemple frappant de l'urgence des mesures que, sur la proposition du colonel, le conseil municipal a votées il y a trois mois. Deux des pompes, pour trouver des bouches d'eau de leur calibre, avaient dû se porter à 400 mètres. Le débit, à cause du frottement, était par suite absolument insuffisant. A peine les jets des lances parvenaient-ils au deuxième étage. Si les mesures votées s'étaient trouvées exécutées, il y aurait eu deux bouches autour du Printemps : l'une vers le boulevard Haussmann, l'autre dans la rue du Havre; les jets auraient eu une force triple et une partie des magasins aurait certainement été sauvée.

A neuf heures et quart, la façade de la rue de Provence commence à s'écrouler.

Encore une victime ! Le pompier Faraud, effrayé par la chute d'un plafond, a sauté du balcon du premier étage. Il est tombé si malheureusement qu'il s'est rompu les deux pieds, et, étant arrivé sur des décombres en feu, s'est assez grièvement brûlé. On l'a transporté à l'hôpital Beaujon.

A dix heures, une partie de la façade de la rue du Havre s'écroule à son tour. C'est comme un lever de rideau ; l'œil plonge par la brèche dans les profondeurs des magasins. Quel lamentable spectacle ! Quand le vent balaye l'épaisse fumée qui se dégage des ruines, on aperçoit montant contre les murs qui sont encore debout un affreux éboulis de débris de toutes sortes, hérissés de poutres de fer et par-dessus lesquels, quand une pierre tombe, s'enlèvent par milliers de petits lambeaux d'étoffes réduits en cendre. Dans les endroits où les plafonds ne sont pas encore écroulés, on voit les flammes courir et dévorer les boiseries et les parquets. Jusqu'à midi, les pompiers continuent à verser des torrents d'eau par les brèches de la rue de Provence et de la rue du Havre, et par les fenêtres du boulevard Haussmann. Puis, tout danger étant conjuré, une partie d'entre eux, ainsi qu'une partie des soldats et des sergents de ville, retournent aux casernes. On continue à interdire les abords au public, par crainte des écroulements qui pourraient causer des accidents.

Le plus à plaindre, dans cette catastrophe, n'est pas le propriétaire des magasins, que les assurances ont largement indemnisé. Ce sont les pauvres employés qu'elle mit sur le pavé. Ils étaient au nombre de huit cents, hommes et femmes, et précisément parce que, en ce moment, tous les autres magasins étaient prêts pour la saison du printemps, il leur devenait difficile de se placer immédiatement, les cadres étant remplis partout. Il y avait aussi les nombreux ouvriers et ouvrières auxquels le magasin donnait du travail. Ainsi, les gardiens de la paix amenèrent à M. Caubet un brave patron qui s'était présenté devant les cordons de sergents de ville un papier à la main.

— Que voulez-vous ?

— Je viens chercher une commande qui m'a été faite hier même ; voici la lettre d'avis.

— Vous voyez ce qui reste du magasin.

— Hélas ! dit-il, j'ai quarante ouvrières ; je travaillais exclusivement pour le rayon de confection du magasin. Qu'allons-nous devenir ?

La charité publique s'est chargée de ce soin. Des quêtes, des bals ont été organisés partout. L'argent qu'ils produisirent a été largement distribué. Une société nouvelle s'est formée aussitôt : elle s'est mise en œuvre immédiatement pour faire renaître de leurs cendres les grands magasins du Printemps.

Le patron est redevenu riche : il est considéré.

UNE SECONDE PETITE BABIN

30 janvier.

Le regard d'égout situé au carrefour de la rue Charles-Laffitte et du cours de la République, au Havre, avait été ouvert pour recevoir les neiges.

Un employé, désigné pour rester près de l'égout, avait abandonné son poste. Le regard était ouvert, rien n'en défendait l'approche et sa présence était même dissimulée par un petit tas de neige amoncelé à l'entour.

Tout à coup une petite fille arrive en courant; elle voit venir une petite voiture de place dont elle veut se garer; elle oblique un peu et continue sa course droit devant elle. Apercevant le petit monticule de neige qui se trouve autour du regard, elle le franchit d'un bond et disparaît.

Elle était tombée dans l'égout.

La pauvre petite jette des cris perçants. Elle est entraînée par un courant d'eau profond d'environ $0^m,60$. Elle se cramponne d'instinct à une énorme pierre à laquelle elle reste accrochée, son corps baignant tout entier dans la masse liquide. Elle continue à appeler à l'aide de toutes ses forces.

Enfin, on entend ses cris, on accourt. On lui jette une corde qu'elle ne peut saisir. Les personnes présentes hésitent à descendre dans ce cloaque sombre. Mais un jeune ouvrier qui enlève la neige sur la route se dévoue. Il saisit l'échelle en fer scellée à l'intérieur du regard et descend. L'enfant a disparu.

Désappointé, transi par le froid, car il a l'eau jusqu'aux genoux, l'ouvrier cherche en suivant le courant ; il avance de 5 ou 6 mètres sans rien voir.

Heureusement la fillette l'aperçoit et le saisit par la jambe ; il la prend dans ses bras, puis il revient chargé de son précieux fardeau près de l'ouverture. Une seconde après, l'enfant est rendue au jour.

— Tiens, s'écrie le sauveteur qui la reconnut en sortant de l'égout, c'est Blanche Gâtineau, la sœur de mon camarade !

Sa surprise fut grande, et plus grande encore fut sa joie d'avoir sauvé la sœur de son ami.

◇

UN FAUX MÉNAGE

30 janvier.

Le quartier de la Croix-Rousse, à Lyon, fut mis en émoi par un événement qui avait pris tout d'abord des proportions considérables. Le nommé Privat, ancien mécanicien, vivait en concubinage avec la femme Jeanne Courtial. Le faux ménage n'était pas toujours d'accord. La femme, très avare et non moins égoïste, ne se refusait rien et laissait souffrir son amant qui la redoutait. Privat souffrait depuis longtemps d'une maladie de la moelle épinière. Se sentant plus fatigué que d'habitude, il fit appeler mardi le médecin, qui fit une ordonnance et la remit à la femme Courtial. Le soir même, Privat succombait.

Le médecin appelé pour constater le décès refusa le permis d'inhumer et prévint M. Mongendre, commissaire de police de la Croix-Rousse.

Ce dernier commença aussitôt une enquête.

Cette enquête lui apprit que la femme Courtial vivait séparée de son quatrième mari.

Son fils, âgé de vingt-neuf ans, mécanicien, fit plusieurs déclarations très importantes. C'est lui qui dénonça sa mère en ajoutant qu'elle avait déjà enterré ses trois premiers maris.

Les constatations médicales concluant à un cas d'empoisonnement, la femme Courtial fut mise en état d'arrestation et le cadavre de Privat transporté à la Morgue.

L'autopsie a montré que la mort de Privat était le résultat d'une hémorragie intestinale. La femme Courtial a été remise en liberté.

MM. ARTHUR MEYER ET DE MONCLIN

30 janvier.

Au moment où le rideau allait se lever, aux Variétés, sur le second acte de *la Roussote*, M. Meyer, rédacteur en chef du *Gaulois*, vit approcher de lui M. Gaëtan de Monclin. M. de Monclin avait cru se reconnaître dans un article publié par ce journal.

Entre temps, M. Meyer avait appris que M. de Monclin avait écrit au *Figaro* une lettre qui ne fut pas insérée et dans laquelle il demandait si, avec vingt-cinq louis, on pourrait trouver quelqu'un qui se chargerait de bâtonner un directeur de journal pour l'empêcher de se retrancher derrière ses rédacteurs et l'obliger à une réparation. M. Meyer avait prié un de ses amis de dire à M. de Monclin qu'il se tenait à sa disposition.

M. de Monclin s'approcha donc de la loge de première galerie où M. Meyer se trouvait et lui dit :

— Mon cher monsieur Meyer, savez-vous que vous plaisantez d'une manière fort agréable?

M. Meyer, après s'être assuré de l'intention agressive de M. de Monclin, répondit :

— Je sais, monsieur, que c'est une affaire que vous me cherchez! eh bien, vous l'avez, mais pas de scandale!

Au lieu de lui répondre, M. de Monclin, lui tira la barbe en disant :

— Vous m'avez plaisanté devant vos lecteurs, je vais vous plaisanter devant une salle de spectacle.

Et lui frappant sur le sommet de la tête, il ajouta faisant allusion à la calvitie plus que complète de M. Meyer :

— Vous avez une belle barbe, vous feriez mieux de la mettre là-dessus, elle vous tiendrait chaud l'hiver.

M. Meyer avait une canne et essaya d'en frapper M. de Monclin. M. G. Fould se jeta entre eux, tandis que M. Escalier, qui était dans une loge voisine, désarmait M. Meyer. Ils furent tous deux conduits devant le commissaire de police et M. de Montclin reconnut que, depuis une dizaine de jours, il guettait M. Meyer de théâtre en théâtre. Ces deux messieurs ont été relâchés après avoir donné leurs explications et ils sont venus reprendre leurs places au théâtre.

La chose s'est dénouée à l'amiable sur le terrain du tribunal de police correctionnelle.

FÉVRIER

FÉVRIER

SUICIDE PAR AMOUR

2 février.

La population de Stains, près de Saint-Denis, a été péniblement impressionnée par le suicide d'une jeune fille, suicide accompli dans de curieuses circonstances.

En 1871, à l'époque douloureuse de l'occupation allemande, Mlle C..., alors âgée de seize ans, s'était liée avec un jeune soldat prussien, qui lui avait promis de l'épouser, aussitôt la guerre finie. Il partit avec son régiment ; mais il entretint avec sa promise une correspondance dans laquelle il continuait à lui parler de leur mariage prochain.

Il revint, en effet, et fut accueilli avec bonheur. Mais quand il s'agit de fournir les papiers nécessaires aux publications, il se troubla et finit par avouer qu'il avait déserté pour revenir en France. Puis il partit et ne reparut pas.

Le lendemain, en allant puiser de l'eau dans un puits situé au fond de son jardin, le père de la jeune fille entendit le choc du seau sur un objet opaque... Il regarda... C'était le cadavre de sa fille.

UN FOU ET UNE FOLLE DROLES

3 février.

La folle demeurait rue Borromée. Dans la soirée, plusieurs personnes passant dans cette rue virent tomber meubles, lit, matelas, table, linge, argenterie... Elles levèrent le nez en l'air et virent, au quatrième étage de la maison, une femme qui riait aux éclats en lançant par la croisée tout son mobilier.

Les agents prévenus montèrent et arrivèrent au moment où elle se disposait à suivre le même chemin que ses meubles... On reconnut bientôt que cette dame, désolée de la mort de son mari, était devenue folle.

Plus douce était la monomanie d'un individu qui, laitier de son état, portait ses boîtes dans son arrière-boutique, les débouchait, en versait le contenu dans une baignoire et se plongeait avec délices dans ce bain onctueux et doux.

Au bout d'une heure, il en sortait, remettait le lait dans les boîtes et le débitait consciencieusement.

Les clients, en général, trouvaient le lait meilleur... Mais l'un d'eux, s'étant servi d'un pèse-lait, ne le trouva pas pur. Il se plaignit et le mystère fut découvert.

―◇―

ASSASSIN PAR AMOUR

4 février.

Un nommé Fillioux, rôdeur de barrière, ayant la plus mauvaise réputation dans le quartier du boulevard Ornano, avait fait une déclaration à la bonne de M. Barbara, marchand de vin. Celle-ci l'avait repoussé. Un soir, trouvant cette jeune fille seule, Fillioux la saisit par la taille et chercha à l'entraîner.

A ses cris, M. Barbara accourut et voulut renvoyer Fillioux. Celui-ci tira son couteau et se mit à frapper à coups redoublés. La jeune bonne reçut quatre coups à la main droite, deux au sein, amortis heureusement par son corset. M. Barbara fut atteint au bras droit et entre les épaules. Cependant il saisit un litre et le brisa sur la tête de l'agresseur qui tomba ensanglanté.

Ce Fillioux était la « terreur des Buttes-Chaumont », c'est-à-dire le chef par la force de toute la bande de voyous du quartier. Ceux-ci ont cherché à le venger en attaquant le soir même les personnes qui sortaient de chez M. Barbara. On les a arrêtés.

UN PÈRE DÉSESPÉRÉ

5 février.

M. L..., âgé de cinquante-six ans, était employé dans une usine de Saint-Denis. Son fils tira au sort. Il n'eut pas de chance et sortit de l'urne un mauvais numéro. Le jeune homme en prit aisément son parti ; mais il n'en fut pas de même du père, qui parut très affecté de ce contretemps.

Toute la journée, il demeura plongé dans une sombre mélancolie, refusant de répondre aux questions de sa femme. Dans la soirée, celle-ci étant sortie pour plusieurs heures, M. L... attacha une corde au plafond de sa chambre et se pendit.

PASSAGE DU DÉSIR.

8 février.

Au moment où se discutait la loi sur le divorce, un nouveau drame du mariage se passait faubourg Saint-Denis.

Vers deux heures et demie, un jeune homme et une jeune femme allaient bras dessus, bras dessous, lorsque surgit devant eux un homme qui leur fit l'effet de la tête de Méduse. C'était le mari de la jeune femme, M. F..., qui, embusqué dans le passage du Désir, avait guetté leur arrivée.

Sans mot dire, il sortit un revolver de sa poche et fit feu par deux fois. Le jeune homme avait étendu le bras pour protéger sa compagne, ce fut lui qui reçut les deux balles, l'une dans la main, l'autre dans la poitrine.

―◇―

LE FOU DE L'OMNIBUS

9 février.

L'omnibus 367 accomplissait son trajet du Louvre à Belleville. Tout à coup un monsieur bien mis, décoré, se lève de sa place, et, s'adressant à une jeune femme assise en face de lui, il lui offre son cœur et sa fortune se montant à quinze millions.

La jeune femme effrayée ne savait que répondre, et, pour sortir de cet embarras, fit signe au conducteur d'arrêter ; ce monsieur, devinant son mouvement, la saisit par la taille et l'embrassa à plusieurs reprises. Les autres voyageurs voulurent s'interposer, mais ils furent reçus à coups de pied et à coups de poing. Tumulte. On appelle les agents. L'homme opposa une résistance désespérée ; mais il fallut cependant qu'il cédât à la force. On l'interrogea ; on reconnut avoir affaire à M. M..., capitaine au 36e régiment de ligne, caserné à Saint-Cloud. Le malheureux officier criait qu'il était duc et qu'il possédait une fortune de quinze millions...

Le fou a été emmené à Charenton.

―◇―

IL N'Y A PLUS D'ENFANTS

15 février.

Un gamin de quatorze ans s'est jeté du haut du pont au Change dans la Seine.

Le courant est à cet endroit très rapide, et c'est près du Pont-Neuf seulement qu'un sieur Hugot, qui avait sauté dans un bateau, put rejoindre et repêcher le jeune garçon.

Celui-ci, après avoir reçu des secours, a été interrogé : il a déclaré que, ses parents lui faisant des remontrances continuelles, il avait pris le parti d'en finir avec la vie.

Signe des temps.

LES CHEVALIERS DU BROUILLARD

15 février.

Avec une audace incroyable, une bande nocturne démolissait les devantures et pillait les boutiques. Elle apportait même dans ses exploits une sorte de fantaisie.

Ces estimables voyous entrèrent un soir chez M. J..., faubourg Saint-Martin, et y burent et mangèrent toute la nuit, sans rien emporter, pas même la timbale d'argent avec laquelle ils avaient trinqué.

Les agents, prévenus, surveillèrent le quartier ; ils aperçurent, une nuit, un individu au guet à l'angle d'une rue latérale ; celui-ci se doutant, à leur approche, de la surveillance dont il était l'objet, quitta son poste d'observation et se dissimula dans l'encoignure d'une porte-cochère. Les agents se dispersèrent et firent semblant d'entrer dans différentes maisons.

Au bout de quelques minutes, un coup de sifflet aigu, strident, retentit dans la direction de la rue Saint-Martin. L'individu sortit de l'ombre et se dirigea de ce côté, où il rejoignit deux de ses camarades. Ils étaient en train de se concerter quand les gardiens, tombant sur eux à l'improviste, les arrêtèrent.

LE PARRICIDE

17 février.

Une femme de Mulhouse s'était remariée en secondes noces ; son nouveau mari ne pouvait souffrir les enfants du premier lit, et des querelles fréquentes s'élevaient souvent entre les deux époux. Dans une discussion, le mari alla jusqu'à lever une chaise sur la tête de sa femme.

A ce moment, un des enfants, âgé de quatorze ans, saisit un couteau et en porta un coup si violent à son beau-père qu'il est mort presque instantanément.

LA VOLEUSE D'ENFANTS

20 février.

Une petite fille, Henriette Thiéblemont, disparut un soir et fut retrouvée deux jours après. Elle raconta alors elle-même son odyssée :

« La femme qui m'a emmenée, après m'avoir offert des gâteaux, est petite, blonde, jeune, le nez aplati, et habillée d'une robe noire. Au lieu d'aller acheter des friandises, elle m'a conduite à l'église Saint-Nicolas-des-Champs où une femme, que je ne reconnaîtrais pas, était là qui l'attendait. Les deux femmes m'ont emmenée de force et m'ont fait boire du vin blanc, et puis m'ont fait dîner dans un restaurant.

» Le soir, elles me conduisirent dans un endroit où l'on dansait, puis nous sommes parties en voiture et l'on m'a conduite dans une chambre, au quatrième étage... Puis je ne me rappelle plus bien. Le lendemain, on m'a conduite rue Grange-aux-Belles prendre un bain, et, en descendant, la femme s'est sauvée. »

Mystère !

ANNA L'OUVRIÈRE

22 février.

Dans l'atelier de fourrures de M. Revillon, rue de Rivoli, se trouvait une jeune ouvrière, Anna Chaumont, dont la conduite n'est pas des plus régulières, car elle a déjà eu un enfant, et elle paraissait sur le point d'en avoir un second. Elle fit une absence de quelques jours et revint, un peu pâlie, mais avec une taille tout à fait svelte.

Cette métamorphose excita l'étonnement de ses camarades d'atelier, qui en parlèrent tant et si bien qu'une enquête fut ouverte, et elle démontra qu'il y avait eu avortement. Une perquisition chez la jeune fille amena la découverte d'un fœtus.

Anna fit des aveux complets en disant qu'elle était allée chez le docteur Émile C***, pharmacien, pour lui demander des substances emménagogues, et que ce praticien lui avait conseillé et fait subir une opération, à la suite de laquelle est arrivée la délivrance.

Le docteur a nié avec une grande énergie.

UN AMI

22 février.

Les époux V*** avaient placé leur jeune fille, âgée de moins de quinze ans, dans un magasin dirigé par un nommé N***. Ce dernier, pour inspirer confiance aux époux V***, déclara être marié et avoir plusieurs enfants. Aux termes du contrat, la jeune V*** devait coucher au magasin et y être nourrie. N*** profita de cette situation pour séduire la jeune fille. Il n'était pas marié et vivait depuis longtemps avec une femme X***. De crainte que celle-ci ne s'aperçut de quelque chose, N*** conduisit la jeune V*** dans plusieurs hôtels et il la fit inscrire sous de faux noms.

Les parents, n'ayant pas vu leur fille et ne recevant plus aucune nouvelle d'elle depuis longtemps, se rendirent chez N***, qui leur déclara qu'elle avait disparu de chez lui, elle avait dit qu'elle retournait chez ses parents; il ne s'en était pas préoccupé davantage.

Les époux V***, désolés, firent rechercher la jeune fille par la préfecture de police et, à l'aide d'une photographie, elle fut retrouvée dans un hôtel borgne. Interrogée par ses parents, elle avoua ses relations avec N***, ajoutant qu'elle était allée dans un hôtel à l'instigation de son patron, qui l'avait menacée de la tuer si elle parlait.

LE VITRIOL AU THÉATRE

23 février.

Mlle Andral, ou Clotilde Juge, actrice au Palais-Royal, est âgée de vingt-six ans. C'est la fille d'un capitaine en retraite. Elle a vécu pendant dix-huit mois avec M. de Villiers, lieutenant au 2e dragons, qui l'abandonna à Paris. Sachant que son amant était à Nice, elle vendit ses meubles et partit à sa poursuite.

Elle avait accouché un mois auparavant.

M. de Villiers la sachant dans une situation très précaire, lui faisait remettre, le 1er de chaque mois, une somme de cent francs. Cela dura un trimestre. Fatigué, sans doute, des demandes et des poursuites de son ancienne maîtresse, le lieutenant signifia à Mlle Andral qu'elle ne devait plus compter sur lui.

Se voyant à bout de ressources, Clotilde partit pour Nice, après avoir résolu de se venger. Elle apprit que son amant assistait à la représentation de *Belle-Lurette;* elle s'y rendit et l'aperçut dans

LE GÉNÉRAL NEY

26 février.

Le lieutenant Duvivier, officier, ordonnance et ami du général Ney, venait de rentrer chez lui, rue Martignac, n° 7, quand un individu assez mal mis sonna à la porte du petit appartement qu'il occupe à l'entresol. Le lieutenant vint ouvrir.

« Le général me charge de vous informer, dit l'homme, qu'il ne rentrera pas chez lui ce soir, et il me prie d'en informer la duchesse. »

Puis l'homme disparut rapidement.

Le lendemain, dans la matinée, une dépêche adressée à la duchesse fut apportée à l'hôtel de la rue de Monceau, n° 30. Cette dépêche, datée de Saint-Pétersbourg, répétait l'avis de la veille et ajoutait que le général ignorait à quelle époque il reviendrait.

L'étrangeté de ces deux avis, l'un apporté par un individu qu'on n'a pas revu, l'autre donné par un télégramme de provenance russe, alors que le général n'avait pas eu le temps matériellement nécessaire de faire le voyage, commencèrent à inquiéter sérieusement la duchesse. Mais ce fut bien pis quand, dans l'après-midi, arriva par la poste une

une loge en compagnie de deux demi-mondaines très connues : Mlle Laure Heymann et la comtesse Pegger.

Elle alla demander à l'ouvreuse si le sous-lieutenant était dans la loge. Sur sa réponse affirmative, elle s'écria : « Ouvrez-moi. » A peine la porte était-elle entr'ouverte qu'elle lança sur l'officier le contenu d'un flacon de vitriol qui l'atteignit en pleine figure, en disant : « Au moins mon fils sera vengé ! »

Panique. On croit à un incendie. La salle entière se précipite aux portes. On arrête la jeune femme, qui s'était sauvée, en face du café de la Victoire.

Arrêtée, elle a déclaré qu'à partir du moment où elle reçut la dernière lettre de M. de Villiers, elle avait complètement perdu la tête. Par surcroît de malheur, dans la matinée, le médecin lui avait appris que sa petite fille, en nourrice, était malade ; alors, affolée, elle avait pris la bouteille de vitriol et avait résolu de se venger.

Mlle Clotilde a passé la nuit sur une chaise au poste de police, occupée à tricoter une paire de bas.

Le calme après la tempête.

lettre sans signature disant à peu près textuellement :

« Madame,

» Il dépend de vous de revoir votre mari. Seulement, il est indispensable que vous fassiez immédiatement déposer à..... la somme de 50,000 francs. »

Munie de cette lettre, la duchesse se rendit immédiatement à la préfecture de police, où elle raconta la disparition inexplicable de son mari et les divers incidents qui avaient suivi cette disparition. Le préfet mit des agents en campagne et attendit.

On s'informait des habitudes du général et on apprenait qu'il avait acheté, dix-huit mois auparavant, une petite maison de campagne, rue de Bagneux, n° 17, à Fontenay-aux-Roses, où il se rendait presque tous les jours pour des exercices de tir.

Une fois sur la piste de cette maison, le lieutenant Duvivier s'y rendit le mardi dans la soirée.

La maison, des plus simples, se trouve presque isolée tout à l'extrémité du village, sur la route qui conduit à Bagneux, à l'angle d'une ruelle sans dénomination qui la sépare des terres cultivées, et qui, contournant l'îlot des propriétés, va le long du collège Sainte-Barbe rejoindre la grande route.

La route s'appelle rue de Bagneux et l'immeuble porte le n° 17. Il est entouré d'un mur d'au moins sept pieds de hauteur, masquant tout l'intérieur. On y pénètre par une petite porte bâtarde faisant pan coupé à l'angle des deux voies. Au-dessus de cette porte était l'écriteau suivant :

MAISON A LOUER.

S'adresser chez GILLION, *peintre, Grande-Rue, n° 82, Fontenay-aux-Roses.*

Pour entrer il faut gravir un perron de quatre marches, ou plutôt quatre pierres de taille posées les unes sur les autres, reliant le jardin à la route en contre-bas.

Le jardin, qui fait le devant de la propriété, est presque inculte. Quelques arbres seulement dont les hautes branches dénudées surgissent au-dessus du haut mur de clôture allant jusqu'au faîte de la maison.

La maison, réchampie de sable rose, a un rez-de-chaussée mansardé et deux étages surmontés d'un grenier. Trois croisées à chaque étage sur la rue de Bagneux, une sur la ruelle; une seule ouverture dans la toiture éclairant le grenier.

Derrière la maison est un second jardin plus vaste que le premier, et à l'extrémité duquel, dominant de deux mètres le mur qui sépare de la propriété voisine, est une espèce de plancher vertical accoté par des traverses et masquant la vue de ce qui pourrait se passer dans la maison. L'ensemble y est triste. Le lieutenant y pénétra, anxieux.

Après avoir traversé, sans rien apercevoir de suspect, plusieurs pièces du rez-de-chaussée, le lieutenant arriva devant la porte de la petite salle du tir. Cette porte était fermée en dedans. Il fallut l'enfoncer pour entrer.

Dès le premier pas qu'il fit, le lieutenant se heurta du pied à un corps humain : c'était le corps du général.

Le général Ney était étendu à terre, le front percé d'une balle; de sa main droite crispée il tenait encore le revolver dont il semblait s'être servi pour se brûler la cervelle. L'œil gauche était entièrement sorti de son orbite. Un examen plus attentif fit découvrir que le général avait reçu deux coups de revolver : le premier dans la région du cœur, mais la balle mal dirigée avait glissé sur une côte et effleuré seulement la peau; la seconde balle avait perforé le crâne et amené une mort instantanée.

Le chambre ne présentait, d'ailleurs, aucune trace de lutte; de plus le général avait au doigt ses bijoux habituels, et dans sa poche une somme assez ronde.

Y a-t-il eu accident, guet-apens, suicide? On ne l'a jamais su.

Cette dernière explication est la plus vraisemblable.

LE MYSTÈRE DE LA RUE DE MORÉE

27 février.

On sait que le quartier Bréda a toujours passé pour le centre d'habitation des lorettes, cocottes, etc. La rue de Morée est située au centre de ce quartier, c'est dire que ces femmes y sont nombreuses.

Or, depuis cinq mois habitait dans un hôtel garni, au n° 6 de la rue, une jeune femme de dix-huit ans, qui, au sortir d'une maison de correction, avait fait régulariser sa situation au bureau des mœurs. Belle fille, fraîche, assez jolie, Eugénie-Jeanne Meynier ne tarda pas à trouver des ressources sérieuses dans les établissements de plaisir où elle passait ses soirées. Ces ressources, elle les partagea avec un jeune homme nommé Félicien.

Un soir, Félicien et Eugénie allèrent vers dix heures et demie à la Brasserie des Martyrs. Là, il paraît qu'un léger nuage obscurcit l'azur de leur amour. A propos d'un baiser reçu par la jeune fille, son amant lui fit une scène de jalousie. Bref, elle sortit et alla terminer sa soirée à la Brasserie Moderne, 9, Faubourg-Montmartre, et, à minuit, elle revint seule à la maison.

Au rez-de-chaussée de sa maison est un marchand de vin. Elle entra dans son établissement et y resta à boire et à causer avec quelques clients jusqu'à l'heure de la fermeture, deux heures du matin.

Elle monta alors à sa chambre.

Le lendemain matin, Eugénie Meynier ne parut pas. Mais, comme elle n'avait pas l'habitude d'être matinale, personne ne s'en étonna. Cependant, vers midi, Mlle Halloy, ne la voyant pas descendre, commença à s'inquiéter. On monta dans sa chambre. Eugénie était sur son lit, la tête posée sur le traversin, entre les deux oreillers, écartés à droite et à gauche. Elle semblait dormir. On l'appela. Pas de réponse. On approcha et on lui prit la main : la jeune fille était morte.

UN CRIMINEL DE QUINZE ANS

27 février.

Il était cinq heures du soir; un petit bébé de six ans sortait de l'école des Frères, rue de Bouret, son petit carton sous le bras.

Un garçon de quatorze à quinze ans s'approcha de lui et l'accosta.

— Où vas-tu? lui dit-il.

— Chez nous.

— Veux-tu venir un peu avec moi, je te donnerai de belles affaires.

Le petit hésita.

— C'est que maman m'attend, murmura-t-il.

— Nous ne resterons pas longtemps, c'est là tout près. Tiens, je te donnerai cette belle chaîne. Regarde comme elle luit.

Et il fit miroiter aux yeux de l'enfant émerveillé une chaîne d'or toute neuve. Le petit, séduit, suivit l'autre. Ils entrèrent tous deux dans un hôtel garni portant le n° 220 du boulevard de la Villette, et ayant pour enseigne : *Hôtel du Doubs*. Arrivé dans l'escalier, le grand prit le petit par la main pour le guider à travers les corridors obscurs. . . . .

. . . . .

Vers neuf heures du soir, les agents du poste de la rue de Tanger voyaient arriver un tout jeune homme, qui, tranquillement, sans émotion, d'une voix assurée, leur dit :

— Je me nomme Félix Lemaître : je suis né à Paris le 2 mai 1866; j'ai, par conséquent, quatorze ans et demi; je suis apprenti emballeur; je viens me constituer prisonnier, parce que j'ai attiré chez moi, à l'Hôtel du Doubs, un petit enfant, et que je l'ai tué à coups de couteau.

Quelque invraisemblable que parût ce récit, fait de la façon la plus naturelle du monde, il fallait en tenir compte. Le jeune homme fut gardé au poste et le commissaire contrôla les faits.

Il se rendit à l'hôtel, se fit indiquer le logement de Lemaître, chambre n° 42, et ouvrit la porte... Ce qu'il vit était horrible.

Dans un cabinet obscur et sordide, sur un grabat en désordre, était le corps d'un enfant nu, bâillonné et lié; la gorge et le ventre ouverts laissaient échapper encore quelques gouttes de sang qui s'était répandu, en masse brune et coagulée, sur la couverture de laine marron. A terre, un couteau pointu, teint de sang jusqu'au manche; au pied du lit, jetés pêle-mêle, les vêtements de la pauvre petite victime. A la tête du lit, sur le traversin, la marque des doigts du meurtrier, qui s'était soigneusement essuyé avant de sortir.

Le commissaire voulut tout de suite constater l'identité de la victime et fouilla dans la poche du pantalon. Il trouva un cahier d'écriture pour le premier âge, portant sur le tracé bleu des bûches, des pointages, des *o*, des *a*, et des *u* en gros, tracés par la main de l'écolier, et sur la première page cette indication d'une écriture plus régulière : Cahier appartenant à Jean Schaoner, rue Caillé, 17.

Le cadavre fut mené à la Morgue et Lemaître au Dépôt.

Ce fut par les cris d'indignation qu'avait excités dans le quartier la nouvelle de ce meurtre, que les parents du petit Jean apprirent le malheur qui les frappait.

L'interrogatoire de Lemaître est curieux.

« Le 15 de ce mois, a-t-il dit, j'ai volé 200 francs à mon patron, M. Sicart, rue d'Aboukir; je les ai dépensés en spectacles et en parties de plaisir. Me trouvant à bout de ressources, j'ai vu tout en rouge, et, subitement, l'idée de tuer un enfant m'est venue; le hasard m'a mis en présence du pauvre petit garçon que j'ai assassiné. Je l'ai trouvé sur la voie publique; pour l'attirer, je lui ai promis une chaîne d'acier que je lui avais d'abord montrée.

» Une fois chez moi, je lui ai attaché les mains au dos, comme pour jouer; puis je lui ai découvert le devant du corps pour ne rencontrer aucun obstacle dans les vêtements, et, à deux reprises, je lui ai plongé mon couteau dans le ventre. Comme il criait, je lui ai coupé la gorge et la langue ; je ne peux pas me rendre compte comment j'ai fait tout ça. J'ai lu beaucoup de romans, et, dans l'un d'eux, j'ai trouvé une scène pareille à celle que j'ai exécutée. »

Romanciers, repentez-vous.

—◆—

AU BAL DE L'OPÉRA

28 février.

La fête chorégraphique était en pleine animation et les orchestres d'Arban et de Gungl faisaient merveille, lorsque le bruit se répandit qu'une femme venait de se tuer d'un coup de poignard. On se précipita vers le buffet, où l'on disait que l'incident s'était produit, et l'on vit, en effet, appuyée au soubassement d'une colonne, une femme revêtue d'un domino noir et tenant ses deux mains appuyées sur sa poitrine ; quelques gouttes de sang perlaient sur le corsage, et la blessée perdait peu à peu connaissance.

Heureusement, il fut bientôt facile de reconnaître que le mal était bien moins grand qu'on ne l'avait dit. L'arme dont s'était servie l'héroïne de ce drame avait traversé l'étoffe du domino et de la robe ; mais, ayant rencontré le busc du corset, avait glissé de côté en égratignant seulement l'épiderme. L'évanouissement de la victime, que l'on a dit être une demoiselle M***, demeurant rue Laffitte, était dû à l'émotion qu'elle avait éprouvée en voyant passer devant elle un couple amoureusement enlacé et qu'elle connaissait bien.

MARS

MARS

UN BŒUF ENRAGÉ

1er mars.

On voit souvent des chiens enragés, mais un bœuf, c'est plus rare !... La gare de Bercy a été jetée dans le trouble par un de ces ruminants. Échappé d'un troupeau, il s'engage sur la voie ferrée. Grand émoi, les employés courent, cherchant à l'arrêter; mais l'animal, baissant la tête, se jette furieusement sur les groupes, et il eût fait quelques victimes, si on eût tardé à s'en débarrasser.

Le commissaire de police du quartier, voyant que les tentatives faites pour s'en emparer demeuraient sans résultat, se rendit à la caserne de la rue Nicolaï, et requit deux soldats du 8° dragons qui, munis de leurs armes, coururent à la gare, où ils abattirent l'animal à coups de carabine.

LE VITRIOL A L'ÉGLISE

1ᵉʳ mars.

Deux jeunes fiancés, à Cayres (Haute-Loire), qui devaient se marier le lendemain, faisaient leurs dévotions dans l'église, quand une jeune fille, qui s'était approchée par derrière avec précaution, a jeté sur le fiancé une certaine quantité de vitriol. Le jeune homme qui, heureusement pour lui, ne s'était pas retourné, en entendant le bruit, a été atteint à la nuque, où l'acide corrosif lui a fait de profondes blessures.

―◇―

RUE DUPHOT

2 mars.

La préfecture de police avait reçu de Mᵐᵉ Leroy, demeurant rue Duphot, et y tenant un hôtel servant à des rendez-vous galants, un avis indiquant qu'un jeune vaurien, accompagné d'une jeune fille de quinze ans, s'était présenté chez elle en lui offrant de mettre sa compagne à la disposition de l'élégante et riche clientèle de l'hôtel.

Sur le refus de Mme Leroy, l'individu se rendit dans un groupe d'étudiants où la fillette fut accueillie et choyée. La police, prévenue à ce moment de la disparition d'une jeune fille répondant au signalement donné par la maîtresse d'hôtel, et appartenant à une famille belge, rechercha le coupable, qu'elle retrouva occupé à festoyer avec la jeune fille, et en nombreuse compagnie, dans une maison du quartier Latin.

La fillette, fatiguée, malade, fut envoyée à l'hospice de Lourcine, et son compagnon au Dépôt, pour excitation de mineure à la débauche.

Le jeune drôle raconta à M. Guyot, juge d'instruction, qu'il avait rencontré la jeune fille sur le boulevard avec sa bonne, et qu'il l'avait emmenée chez Mme Leroy. Mme Leroy avait mis la petite, selon son habitude, en relation avec plusieurs de ses intimes. Le jeune suborneur ajouta que l'hôtel était un lieu mystérieux où les vices, les passions les plus étranges trouvaient à se satisfaire.

M. Guyot fit une perquisition le soir même dans l'hôtel de la rue Duphot, où, à défaut des mineures qu'on lui avait signalées, il saisit la correspondance de Mme Leroy, pleine de révélations compromettantes pour un grand nombre de personnes ayant eu recours à ses services.

Les lettres furent rendues à leurs propriétaires.

La jeune fille est retournée en Belgique avec sa mère qui est venue la chercher à Paris. Quel retour !

M. DE RICHEMONT

4 mars.

Un aliéné s'évade de Charenton : c'est M. le baron Desbassyns de Richemont, un fou bien curieux.

Sujet à des crises nerveuses fréquentes, il entrait chez les pharmaciens, se faisait servir un breuvage saturé d'éther, le buvait, et, lorsqu'on lui demandait de solder le montant, était pris de rages folles, brisant les meubles, les vitres, les bocaux, et battant les gardiens de la paix qui l'arrêtaient.

Un jour, en sortant d'une pharmacie qu'il venait de mettre sens dessus dessous, il se précipita sur un corbillard qui passait, prit les fleurs, les couronnes, les bouquets et les jeta sur les gens du cortège.

On l'a réintégré à Charenton.

UN FOU EN MER

5 mars.

Le navire voilier A.-C.-L., de Nantes, était parti le 23 février du port de Marseille, pour se rendre à Catane (Sicile). L'équipage s'aperçut tout à coup que son capitaine n'était plus dans son état normal. Il se mettait à tout moment à genoux, faisait des signes de croix, puis commandait des manœuvres insensées.

« Je viens, dit-il un jour à ses hommes, de tuer une femme à Marseille; j'ai hérité ainsi de 80,000 fr. Il y a 2,000 fr. pour chacun de vous si vous m'aidez à gagner le port de Cette, qui est mon salut. »

Un autre jour, le capitaine brisant la boussole et tous les instruments destinés à diriger le navire, voulut se jeter à la mer. On dut enfin le transporter et l'enfermer à clef dans une cabine.

Mais l'anxiété de l'équipage était à son comble. Comment, en pleine mer, sans boussole, sans instruments, retrouver sa route ou même la côte? Le second veut mettre le cap sur Marseille, mais ses efforts couraient le risque de rester inutiles lorsqu'on fit la rencontre d'un navire grec qui put indiquer heureusement la véritable direction. Le navire et son équipage furent ainsi sauvés!

Lorsqu'on fut descendu à terre, le pauvre fou fut remis aux mains de l'autorité.

―◇―

SUBSTITUTION D'ENFANT EXCUSABLE

10 mars.

Une fille L..., domestique d'auberge, ayant accouché, rencontra, le 24 février, en sortant de l'hôpital avec son enfant gros et rose, une sage-femme, Mme Jeannessé-Vermorel. Celle-ci proposa à la fille L... de renoncer à son enfant. « Le pauvre petit être étant venu au monde dans des conditions de naissance et de fortune fort ordinaires ne serait pas heureux, disait la sage-femme, tandis que si sa mère le voulait, il aurait une existence dorée. » Elle n'avait qu'à la remettre à la sage-femme en consentant à un abandon éternel.

La mère, après bien des hésitations, se laissa convaincre. Elle souscrivit à toutes les conditions qui lui furent imposées, même à faire la déclaration du décès de son enfant.

Mais, le lendemain de cet abandon, la fille L..., prise de remords, vint tout raconter au commissaire de police. Celui-ci se transporta aussitôt chez la sage-femme. Il arrive au moment où un convoi sort de sa maison ; il empêche l'inhumation et avertit la justice, qui fait procéder aussitôt à l'autopsie du cadavre. Le médecin légiste constate qu'il s'agit d'un enfant mort-né ; ce n'est donc pas l'enfant de la fille X...

Anne Jeannessé est alors sommée de représenter l'enfant vivant ; elle refuse tout d'abord ; puis, après quelques heures de réflexion, elle l'apporte richement habillé de cachemire, de soie, de fourrures blanches, et admirablement portant. L'enfant est rendu à sa mère.

D'après les déclarations de la sage-femme, il s'agissait d'un mari qui, voulant éviter à sa femme, récemment accouchée, l'émotion peut-être funeste causée par la nouvelle de la mort de son enfant nouveau-né, a cherché à l'abuser en lui présentant un enfant bien portant.

—◇—

UNE FOLLE

12 mars.

Celle-ci nous arrive de Lyon.

Une jeune femme, assez élégamment vêtue, passant sur le pont d'Ainay, se débarrasse tout à coup de son manteau de fourrure et d'une sacoche, puis enjambant le parapet, se précipite dans la Saône.

Deux personnes descendent immédiatement sur la berge, sautent dans un canot et arrivent, avant qu'elle ait disparu, auprès de la naufragée, qui est retirée saine et sauve.

On apprend alors qu'elle est âgée de quarante ans, s'appelle Fanny Canet et possède une jolie fortune. Descendue depuis trois jours dans un hôtel, elle sortait habituellement avec un domestique. Aucune raison autre que la folie n'a pu la pousser ainsi au suicide.

―◇―

L'ATTAQUE D'UN TRAIN

13 mars.

M. Riquemale, commissaire de police à La Ciotat, est avisé qu'à la suite de révélations faites par un prisonnier, différents Italiens, associés à une bande de repris de justice, ont projeté d'arrêter le chemin de fer de Marseille à Nice.

Le centre d'opérations choisi est le point de la voie compris entre les deux tunnels placés entre Aubagne et Cassis, au milieu d'un site sauvage.

A l'aide du sémaphore surmontant la maisonnette, on doit faire arrêter le train près d'un encaissement de rochers et de tranchées, assassiner le mécanicien au moment où, descendu, il viendra s'informer des raisons de la manœuvre ordonnée par le sémaphore, puis enlever les valeurs contenues dans le train et rançonner les voyageurs.

Des mesures furent prises aussitôt. La gendarmerie, les gardes forestiers, champêtres, la douane furent mis en réquisition.

Deux plaisants incidents sont venus un instant égayer ce sinistre tableau.

Le maréchal des logis Combe, après avoir échelonné le long de la voie, près de l'entrée des souterrains, une escorte de gendarmes et de gardes, entendant tout à coup des détonations et des chocs d'instruments de fer, s'approche avec précaution à la tête de ses hommes et finit par découvrir... un groupe d'ouvriers mineurs travaillant au canal de la Durance d'Aubagne à La Ciotat.

Un autre groupe de gendarmes portés sur la locomotive de l'express, arrivés en vue du même tunnel, aperçoivent des ombres qui leur paraissent suspectes. Les braves militaires préparent leurs armes et s'apprêtent à une lutte vigoureuse. Le train a ralenti sa marche... la poudre va parler... quand on découvre que les ombres ne sont rien moins que d'autres gendarmes arrivés par un train précédent et faisant eux aussi le guet.

Toutes les précautions ont été inutiles : les dévaliseurs ne se sont pas présentés.

A L'AGENCE HAVAS

14 mars.

L'amour a choisi cette fois sa victime dans la personne d'un employé de l'agence Havas, qui a été retrouvé asphyxié dans la chambre qu'il occupait, dans le quartier des Halles, avec un de ses amis.

Ce dernier, surpris de trouver sa porte fermée, frappa à plusieurs reprises. N'obtenant point de réponse, il brisa un carreau pour l'ouvrir et sentit aussitôt une bouffée d'air chaud et d'odeur de charbon le saisir à la gorge; il ouvrit rapidement la porte et les fenêtres, alluma une bougie et constata non sans effroi, que son ami s'était asphyxié.

Un réchaud éteint était placé près du lit. Sur la table étaient deux lettres adressées l'une à son compagnon, où il lui demandait de ne pas laisser transporter son corps à la Morgue, l'autre à une femme pour laquelle il s'était donné la mort et à qui il envoyait un dernier adieu.

LE CHLOROFORME

15 mars.

Mᵐᵉ Paul Brame, fille de la baronne Évain, âgée à peine de vingt-six ans, était mère de trois enfants; le dernier avait six semaines. On l'avait baptisé et, le soir du baptême, un grand dîner réunissait toute la famille.

Vers onze heures, Mᵐᵉ Brame se retira dans sa chambre, prétextant une névralgie, et se coucha; la névralgie persistant, la jeune femme déboucha un flacon de chloroforme et s'endormit..... pour toujours; à deux heures du matin, l'enfant cria et la garde se leva aussitôt pour le présenter à sa mère qui le nourrissait. On juge de sa stupeur à l'aspect du cadavre de la malheureuse, qui tenait encore dans sa main crispée et raidie le flacon.

Un médecin appelé n'a pu que constater le décès.

AMOUREUX DE Mme JUDIC

16 mars.

Au moment où Mme Judic, rappelée pour la troisième fois, achevait, dans la *Roussotte*, le dernier couplet de sa chanson, une détonation d'arme à feu retentit dans la salle des Variétés ; les spectateurs se levèrent et entendirent Judic jeter un cri et s'appuyer sur son camarade Dupuis. Quelques personnes effrayées quittèrent la salle ; les autres tournèrent la tête vers une loge du deuxième étage d'où le coup était parti, se livrant à mille conjectures.

Voici ce qui s'était passé. Un jeune homme avait tenté de se suicider en se tirant un coup de revolver dans la poitrine. La balle, heureusement, n'avait effleuré que les chairs du sein gauche et le jeune homme, évanoui, reprit ses sens dix minutes après.

Interrogé par le commissaire, il s'est tu ; mais, à la façon dont il regardait Mme Judic, on peut croire que c'était encore un suicide inspiré par l'amour.

LA FIN D'UN ARTISTE

17 mars.

Après avoir eu ses heures de succès au théâtre Lazari, Schadager était, à soixante-quatorze ans, palefrenier de la compagnie des omnibus.

Le concierge de la maison où il demeurait, ne l'ayant pas aperçu depuis quatre jours et surpris des émanations cadavériques qui s'échappaient de la chambre du vieillard, fit ouvrir sa porte. On le trouva pendu.

Sur le parquet gisait une lettre dans laquelle le malheureux faisait connaître qu'il se suicidait parce qu'il avait été refusé comme violon dans un orchestre de Paris.

Avec la vieillesse, la misère était venue et le malheureux avait été contraint, pour vivre, d'exercer le métier de palefrenier.

Sur son lit se trouvait son violon, dont il jouait quelquefois. Dans la lettre, il demandait qu'on mît le violon dans son cercueil.

PARTIE DE CANOT

18 mars.

Trois jeunes femmes, ouvrières dans une filature, voulurent un jour traverser l'Agout en bateau, non loin du barrage d'un moulin.

Quelques coups de rame étaient à peine donnés que le bateau, luttant avec peine contre le courant, était assez rapidement entraîné vers le milieu du barrage qui les attirait inviciblement.

Voyant le danger, les pauvres femmes, affolées, de crier : Au secours ! au secours !... Cependant le bateau chavirait en passant comme une flèche sur le barrage qui est presque à pic.

L'une des femmes eut la présence d'esprit de sauter hors du bateau. Maintenue sur l'eau par ses jupes, elle put être sauvée. Les deux autres jeunes filles tombèrent dans le gouffre profond de huit ou dix mètres qui se trouve immédiatement au-dessous du barrage. On ne les a pas retrouvées.

ACTRICE ASSASSINÉE PAR SON MARI

22 mars.

Mme Bernière vivait depuis un an séparée de son mari, Alfred Bernière, graveur sur métaux, âgé de vingt-cinq à vingt-six ans et demeurant à Besançon. Elle faisait partie du théâtre de Grenoble depuis le commencement de la saison sous le nom de Maria Roy.

Bernière, arrivé un matin à Grenoble, se mit immédiatement à la recherche de sa femme. Il l'aperçut le soir même au Casino, soupant en compagnie de plusieurs personnes; à la sortie, il la suivit et sut ainsi où elle demeurait...

Mme Bernière était encore au lit lorsqu'elle entendit crocheter la serrure de la porte; elle se leva et s'empressa d'ouvrir. Effrayée à la vue de son mari, elle se dirigea vers la chambre de sa sœur en criant : Au secours! Mais, avant qu'elle eût pu se faire ouvrir, Bernière l'atteignit et lui tira deux coups de revolver à bout portant. Une balle lui traversa la poitrine de part en part. La mort fut instantanée.

Le meurtrier avait pris la fuite et les magistrats étaient déjà rendus sur le lieu du crime, quand on apporta une lettre à l'adresse de Mme Bernière. La lettre était de l'assassin, qui ne croyait qu'avoir blessé sa victime.

« Pauvre amie, je t'ai vue souper hier soir au Casino avec quatre messieurs ; à onze heures, tu es sortie avec une autre dame et ta sœur, ces messieurs vous suivaient ; cela m'a tourné la tête. Je ne veux pas chercher à m'excuser auprès de toi, mais après tout ce qui s'est passé, tu es ma femme, et tu ne peux pas te figurer l'effet que cela produit de sentir sa femme dans les bras d'un autre.
» Je regrette sincèrement ce que j'ai fait. Je te jure que je le regrette, et je voudrais avoir le mal que je t'ai fait. Tu avais l'air bien triste hier en soupant. Cela me fait pitié maintenant. Tu devais avoir des remords. Sans *** nous serions bien heureux maintenant. Je te souhaite et j'espère que tu te guériras bien vite de tes blessures. J'espère aussi que tu ne suivras plus les conseils de ***. Je verrai plus tard si je me trompe. Je donnerais ma vie pour que tu dises : Je te pardonne.

» Alfred BERNIÈRE. »

Il se présenta chez le procureur de la République. On lui dit qu'il n'y était pas.

Il écrivit alors ces quelques mots :

« Je suis le mari de Maria Roy : je suis à la brasserie des Négociants ; qu'on vienne m'y chercher. »

On l'y arrêta sans résistance.

LE THÉATRE DE NICE

23 mars.

Un sinistre épouvantable a jeté, cette année, la consternation dans Nice.

Le Théâtre-Italien, à l'heure où avait lieu une grande représentation de gala, avec Bianca Donadio, jeune cantatrice italienne, fort en vogue à Rome et à Venise, a été la proie des flammes.

On jouait *Lucie de Lammermoor*, et la salle était bondée de spectateurs.

L'incendie s'est déclaré au commencement de la représentation causé par une explosion de gaz.

Les spectateurs du paradis ont été étouffés dans les couloirs, où régnait une obscurité complète. Quelques temps après, quatorze cadavres, hommes, femmes et enfants asphyxiés étaient transportés dans l'église Saint-François-de-Paule.

A huit heures un quart, lorsque l'explosion s'est produite, la salle a été instantanément plongée dans l'obscurité. L'impression a été épouvantable. Le ténor qui était en scène s'est vu entouré par les flammes.

L'affolement a été général. C'est ce qui a occasionné le nombre si considérable des victimes.

Les compagnies de débarquement des navires, mouillés en rade de Villefranche, sont arrivées avec les embarcations et les pompes de la marine. Immédiatement des prises d'eau ont été organisées directement sur la plage. En dirigeant la manœuvre un aspirant de la marine a été blessé au bras par un éclat de verre. Un autre a été blessé à la jambe.

Tous les marins ont été admirables de courage et de dévouement, ainsi que les pompiers de la ville et le détachement du 111e de ligne.

A trois heures du matin, cinq voitures des pompes funèbres ont transporté les cadavres de l'église Saint-François-de-Paule au château.

Il y a eu cinquante-neuf victimes, parmi lesquelles M. Bus, originaire d'Avignon, président de la Société des employés de commerce, sa femme, sa belle-mère, sa belle-sœur et son neveu, en tout cinq membres de la même famille, qui occupaient la même loge.

L'on a reconnu encore Cottoni, basse bouffe de la troupe italienne; il a succombé à l'asphyxie au moment où il allait atteindre la porte de sortie après avoir descendu trois étages.

Bianca Donadio a été conduite à son hôtel où, dès son arrivée, elle a été prise d'une violente crise de nerfs. La grande artiste s'est sauvée, tout affolée, de sa loge où elle s'était trouvée tout à coup plongée dans l'obscurité la plus complète. Elle était déjà habillée pour entrer en scène.

Son impresario, M. Strakosch, a été blessé légèrement à la jambe.

La constatation des malheureuses victimes de la nuit, à l'église Saint-François-de-Paule, a donné lieu à des scènes très douloureuses. Un mari a reconnu sa femme presque calcinée ; puis un employé de la maison Raoux a reconnu la famille Bus.

On remarquait trois cadavres presque calcinés se tenant par les bras : c'était le père, la mère et l'enfant serrant une orange dans la main.

Le préfet, le maire, le général et toutes les autorités civiles et militaires sont restés toute la soirée et une grande partie de la nuit, donnant des ordres, sur le lieu du sinistre. M. Borriglione, maire de Nice, revêtu de son écharpe, a procédé à la constatation de l'identité des cadavres ; M. Poullan, premier adjoint et M. Gonthier, commissaire central, ont procédé au transport des victimes.

Impossible de signaler tous les actes de courage, surtout de la part des marins de l'escadre, qui ont parcouru l'intérieur du théâtre dans les premiers instants de l'incendie en s'efforçant de sauver et de secourir les spectateurs.

Les fêtes qui devaient avoir lieu ont été contremandées ; les prix destinés aux vainqueurs des régates ont été affectés en partie au soulagement des familles des victimes, qui appartiennent pour la plupart à la classe laborieuse, car, l'incendie ayant commencé à huit heures, les spectateurs du paradis, des troisièmes et quatrièmes loges étaient déjà à leur place, tandis que ceux de l'orchestre et des premières loges n'étaient pas encore arrivés.

La charité publique a pris à tâche de soulager tant de misères ; mais hélas, son action est toujours bien restreinte.

LE FOU DE L'ÉLYSÉE

24 mars.

Le factionnaire de garde à la porte de l'Élysée remarque aux abords du palais un individu aux allures suspectes.

Celui-ci va et vient devant la porte principale, s'arrêtant de temps en temps, comme si la porte allait s'ouvrir.

Le factionnaire l'aborde et lui demande ce qui l'amène à l'Élysée à l'heure où le soleil n'est pas encore levé.

— Je suis du même pays que le président de la république. J'ai une lettre à lui remettre et j'attends l'ouverture du palais pour surprendre M. Grévy à son lever.

Étonnement du soldat et de ses camarades, qui conduisent le promeneur au poste où il est reconnu atteint d'aliénation mentale.

―◆―

LE RÉCHAUD

27 mars.

Jusqu'au moment de son veuvage, Mme Debouche avait mené une existence paisible. Les appointements de son mari suffisaient à élever sa famille, et la mère s'occupait seulement de donner ses soins à ses deux charmantes petites filles, âgées, l'une de neuf ans, la deuxième de sept. Restée seule, elle entreprit courageusement des travaux de couture ; mais, à la suite d'un travail assidu auquel elle n'était point habituée, elle tomba malade et bientôt la misère entra dans la maison.

Mme Debouche conçut alors le projet de s'asphyxier avec ses deux petites filles. Un soir, elle attendit qu'elles fussent endormies, puis elle alluma un réchaud et se coucha auprès d'elles.

Le lendemain, une voisine frappa a là porte et, n'obtenant point de réponse, l'ouvrit. Elle trouva la mère et les deux enfants inanimés sur le lit.

On ramena la mère à la vie ; les deux petites filles étaient mortes.

AVRIL

AVRIL

UN COCHER A QUI ON VOLE SA VOITURE

1ᵉʳ avril.

Un cocher de la station du boulevard Richard-Lenoir, fatigué d'avoir passé la nuit, s'était enfermé dans sa voiture vers quatre heures du matin; étendu sur les coussins, il n'avait pas tardé à s'endormir profondément.

Il fut réveillé une heure après par les cahots de son coupé et le bruit des sabots des chevaux qui filaient au galop. Sur le siège, dans la pâle clarté de l'aube, il aperçut un individu qui, le fouet en main, conduisait vigoureusement l'attelage. Le cocher se frotta les yeux, croyant rêver. Hélas! il n'y avait pas à s'y tromper. On lui volait sa voiture.

Le voleur, ne se doutant point qu'il conduisait le cocher, hêlait les rares passants du boulevard. Il descendit à fond de train dans Paris, jusque dans la rue Montorgueil, où le cocher, apercevant des gardiens de la paix, mit sa tête à la portière en criant : Au voleur! Puis, sautant à terre, il se mit à la poursuite de sa voiture qui redoublait de vitesse.

On rattrapa le tout aux Halles.

NOYÉE DANS UN BAQUET

2 avril.

Un grand plaisir pour les enfants est celui de battre l'eau; aussi ne manquent-ils jamais l'occasion de se mouiller jusqu'aux os lorsqu'on les laisse devant un baquet ou devant un ruisseau. Malheureusement cette distraction, inoffensive en apparence, a ses dangers, pour les petits surtout.

Une enfant de deux ans, 196, rue de Charenton, jouait dans la cour de sa maison devant un baquet. La mère, tout d'un coup, n'entendit plus les cris et les rires de sa petite fille; elle sortit et la vit, le corps plié sur le bord du baquet et la tête dans l'eau. Quand on retira la petite de l'eau on vit qu'elle était asphyxiée.

DÉTOURNEMENT D'ENFANT

4 avril.

Une jeune fille des environs de Saint-Denis, nommée Marie, entrait, il y a environ neuf ans, au service de M. le baron de X***, en qualité de femme de chambre. Des relations ne tardèrent pas à s'établir entre elle et le fils de la maison; devenue enceinte, elle accoucha d'une petite fille qui fut mise en nourrice à Courbevoie, où, pendant quelques années, elle fut très bien soignée et élevée.

Mais le petit baron, père de l'enfant, craignant que le fruit de ses amours illégitimes ne nuisît à un établissement sérieux qu'il projetait, s'aboucha avec le père nourricier et décida ce dernier, moyennant une somme de 10,000 francs, à faire disparaître l'enfant.

Le père nourricier vendit la petite fille à un saltimbanque pour une somme de 200 francs. On fit croire à la mère que sa fille s'était noyée et qu'on n'avait pas retrouvé le corps.

Le frère de Marie, en garnison à Lyon, étant entré dans un cirque, reconnut, à sa grande surprise, dans une petite fille qui faisait des tours de trapèze, l'enfant de sa sœur. Il alla aussitôt prévenir le commissaire de police. Le saltimbanque déclara que la petite lui avait été vendue par un de ses confrères. La pauvre petite, depuis son départ de Courbevoie, avait été vendue trois fois.

MORT POUR IRMA

6 avril.

Un jeune homme de vingt ans, nommé Brienne, demeurant faubourg Saint-Martin, s'était fait servir, chez un restaurateur, plusieurs consommations.

Profitant d'un instant où il se trouvait seul dans la salle, il se tira un coup de revolver dans la tête. Le patron, les clients des salles voisines, le garçon accoururent au bruit de la détonation; mais tous les soins furent inutiles : la mort avait été instantanée.

Dans la poche du jeune homme se trouvait un écrit avec ces mots : « Je meurs pour Irma. »

CE QUE PEUVENT LES PHARMACIENS

6 avril.

Les époux Mercier, habitant la province, avaient leurs deux petites filles et leur petit garçon atteints d'une légère indisposition. Le père alla trouver M. le docteur Roux, qui ordonna un vermifuge se composant de dix centigrammes de calomel et de dix centigrammes de santonine, le tout devant être mélangé ensemble et placé dans cinq petits paquets, pour être administré chacun à chaque enfant.

Nanti de son ordonnance, M. Mercier se rendit chez M. Millepied, pharmacien, qui prépara les petits paquets.

Le lendemain, à son lever, la femme Mercier administra un paquet de vermifuge à chacun de ses enfants. L'aînée, petite fille de six ans, fit quelques difficultés pour avaler la poudre mélangée dans l'eau ; elle en cracha une grande partie et s'éloigna en témoignant de la répugnance.

Mais à peine le second enfant, le petit Albert, âgé de deux ans, eut-il avalé le breuvage, qu'il revint sur le seuil de la porte d'entrée de la chambre, fit quelque pas, tourna sur lui-même et tomba comme foudroyé. L'une de ses jambes s'était raidie et ses petites mains s'étaient crispées ; le pauvre bébé était mort.

La petite Hortense, enfant de quatre ans, suivait de près son petit frère ; elle aussi se débattait quelques secondes après dans les convulsions de l'agonie. On essaya de faire prendre aux deux enfants de l'huile et du café. Leurs dents étaient tellement serrées que tout fut inutile.

Affolée de terreur à la vue des deux cadavres, la femme Mercier appela au secours. On accourut et on put administrer à la fille aînée quelques cuillerées d'huile et de café qui lui firent rendre la plus grande partie du breuvage qu'elle avait absorbé; ce qui la mit hors de danger.

Le grand-père des deux enfants se rendit en toute hâte chez le docteur : « Ah! monsieur le docteur, lui dit-il en le voyant, avec la poudre que vous avez ordonnée à nos enfants, vous les avez empoisonnés. Venez vite!... »

Le docteur Roux accourut; sur les cinq paquets deux restaient encore. Il se les fit remettre et constata que la poudre se composait de strychnine. Le pharmacien s'était trompé de flacon.

UNE ENFANT ABANDONNÉE

8 avril.

Des gardiens de la paix en tournée rue Denfert-Rochereau furent attirés par des cris d'enfant s'échappant de la porte cochère du n° 77.

Ils s'en approchèrent et trouvèrent, adossée dans

une encoignure, une petite fille coiffée d'un bonnet blanc et enveloppée d'un maillot de laine blanche sous un châle à carreaux blancs et noirs. Un biberon, contenant un peu de lait, était suspendu à son cou avec une alliance en or passée dans un petit cordon.

Sur un morceau de papier épinglé à son maillot étaient écrits ces mots : « Cette enfant s'appelle Noémie-Marie, née le 16 février. Il m'est impossible de l'élever. Je suis sans ressources et sans travail. »

―◆―

CHEZ M. LEGOUVÉ

9 avril.

M. Legouvé est propriétaire d'une maison située à Paris, rue Saint-Marc, 14. Il occupe avec sa fille, Mme Desvallières, son gendre et ses petits-enfants, le deuxième et le troisième étage de cette maison. Ces deux étages, fermés sur le palier par des serrures de sûreté semblables, communiquent par un escalier intérieur. Mme Desvallières et sa fille Georgina, âgée de treize ans, couchent seules au second étage dans deux pièces séparées par un cabinet de toilette.

La nuit du 6 au 7 avril, vers quatre heures du matin, Mme Desvallières se sentit frappée, pendant son sommeil, d'un coup violent qui la réveilla. Elle poussa un cri et entendit au même moment le bruit de pas qui se dirigeaient du côté de la salle à manger contiguë à sa chambre.

Allumant aussitôt une bougie, elle se vit couverte de sang et constata qu'elle était blessée à l'épaule droite et à la main gauche. Ces deux blessures n'avaient cependant été produites que par un seul et même coup, ce qui s'explique par l'habitude qu'a Mme Desvallières de s'endormir sur le côté gauche et de replier le bras sur la poitrine.

Avant de s'inquiéter de son état, la mère pensa à sa fille, qui pouvait avoir été l'objet d'un attentat pareil, mais l'enfant dormait paisiblement. Revenant alors à la fenêtre de sa chambre, Mme Desvallières pensa qu'elle verrait fuir le malfaiteur qui venait d'attenter à sa vie. Personne ne sortit. Elle n'entendit ni ouvrir ni fermer la porte de la rue. Une visite sommaire de l'appartement lui permit de constater que la porte d'entrée donnant sur le palier, fermée à clef la veille au soir, était entre-bâillée. Ces circonstances, rapprochées de ce fait que l'une des clefs de l'appartement avait disparu l'avant-veille, indiquaient que le crime n'avait pu être commis que par une personne habitant la maison. Quant aux blessures de Mme Desvallières, elles étaient heureusement légères.

Les plus actives recherches furent immédiatement faîtes. Elles restèrent tout d'abord infructueuses. Plusieurs jours s'étaient écoulés déjà, lorsque certains indices dirigèrent les soupçons sur l'accusé.

Joseph Bernard, âgé de dix-huit ans, fils du concierge de la maison, avait des allures et un caractère bizarres.

Son imagination était surexcitée par la lecture de certains livres et de feuilletons de journaux. On l'avait entendu à plusieurs reprises manifester, devant les gens de service ou les voisins qui s'étaient contentés d'en rire ou de lui imposer silence, des sentiments empreints d'une passion exaltée pour la jeune fille Georgina Desvallières. On en vint à penser qu'il pouvait avoir eu l'idée d'assassiner la mère afin de pénétrer librement dans la chambre de la fille pour donner satisfaction à ses luxurieuses convoitises. Interrogé le 14 avril, sept jours après le crime, il répondit qu'il était en effet l'auteur de l'agression contre Mme Desvallières, mais qu'il en était irresponsable. Dans un récit dont l'habileté suffirait à prouver sa responsabilité, il raconta qu'il avait été conduit à commettre cet acte par une voix mystérieuse à laquelle sa volonté n'avait pu le soustraire. Cette voix l'avait appelé pendant son sommeil; il s'était levé, entraîné par une force irrésistible; il avait ouvert la porte du deuxième étage, avait pris un couteau dans la salle à manger, était allé le présenter à Mme Desvallières qu'il avait inconsciemment blessée; puis, sous l'empire de la même hallucination, il était allé se recoucher et n'avait gardé aucun souvenir jusqu'au moment où on l'avait interrogé, en lui rappelant certaines circonstances du crime.

Cette fable se heurtait à toutes les constatations faites par l'information. L'accusé oubliait d'ailleurs lui-même de dire si une voix mystérieuse l'avait aussi obligé à dérober, deux jours auparavant, la clef de l'appartement. Enfin, jamais personne n'avait assisté à un de ces accès de somnambulisme qu'il invoquait, ou n'avait su qu'il y fût sujet.

M. le docteur Lasègue, chargé d'examiner son état mental, a conclu à la responsabilité de Bernard. Ce dernier, comprenant lui-même qu'il ne pourrait soutenir son système de défense, s'est décidé à faire des aveux partiels. C'est, reconnaît-il, dans le but d'arriver jusqu'à la chambre de Mlle Desvallières, qu'il s'est emparé, le 4 avril, d'une des clefs de l'appartement; que dans la nuit du 6 au 7, il s'est introduit dans cet appartement; qu'il a enfin volontairement frappé Mme Desvallières. Mais il voulait simplement étourdir sa victime, lui faire perdre connaissance, et non la tuer.

A l'audience, l'accusé a avoué sans restrictions.

Il avait parlé de somnanbulisme « pour tromper, » dit-il froidement, et il ajouta : « Je ne voulais point tuer Mme Desvallières, je voulais seulement l'*évanouir*. »

M. l'avocat général a requis l'application de la loi. Le défenseur a plaidé l'irresponsabilité. Le jury a inscrit dans son verdict les circonstances atténuantes. Joseph Bernard s'est entendu condamner à huit ans de travaux forcés sans montrer aucune émotion.

INFANTICIDE

9 avril.

Une jeune domestique de Courbevoie, nommée Adèle P..., avait pris l'habitude, il y a un an, de s'esquiver de la maison de ses maîtres, chaque dimanche dans la soirée, pour aller danser dans un bal de Bois-Colombes.

Elle y fit la rencontre d'un garçon, beau parleur, un peu plus âgé qu'elle et dont elle écouta si complaisamment les propos, qu'au bout de quelque temps elle devint mère : l'amoureux disparut aussitôt.

Abandonnée, Adèle ne songea qu'à faire disparaître les traces de sa faute, qu'à force de précautions, elle était parvenue à dissimuler à ses maîtres. Quand

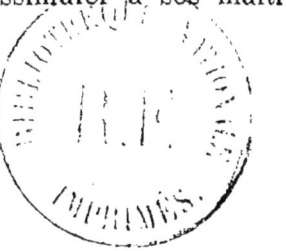

elle se sentit prise des douleurs de l'enfantement, elle prétexta une indisposition et mit secrètement son enfant au monde. Elle l'étrangla aussitôt avec son mouchoir, le cacha dans une armoire et, le soir venu, courut à Bois-Colombes, où elle le jeta dans le puits.

Des passants apercevant des traces de sang sur la margelle du puits, pensèrent que quelqu'un y pouvait être tombé par mégarde et se livrèrent à des recherches. Ils ramenèrent le corps du petit garçon, enveloppé dans un linge avec un mouchoir serré autour du cou.

Adèle a été découverte tout de suite et arrêtée.

A QUI LE MORT?

10 avril.

Le docteur Coudereau, demeurant galerie Vivienne, reçoit un matin la lettre suivante :

« Au moment où vous recevrez cette lettre, je me serai asphyxié dans mon antichambre. Comme membre de la Société d'autopsie mutuelle, je lègue mon cadavre au laboratoire d'anthropologie. Je vous charge d'exécuter cette disposition testamentaire. »

La lettre était signée Monnot, 60, rue Saint-Placide.

On sait que la Société d'autopsie mutuelle est une société dont les membres s'engagent à livrer, après leur mort, leurs corps aux savants. A la lettre de M. Monnot était joint un testament dans lequel le suicidé, dans le cas où sa famille et son fils ne respecteraient pas sa dernière volonté, léguait la moitié de sa fortune à la ville de Paris pour la création d'une école laïque.

M. Coudereau se rendit rue Saint-Placide, où il trouva le commissaire de police qui, après avoir constaté le décès et établi le suicide, s'assura que le cachet sur le meuble où était enfermé le double du testament, indiqué par M. Monnot, était intact, et transmit la procédure au parquet.

M. Coudereau télégraphia au fils, élève à Saint-Cyr, mais ne reçut pas de réponse. Le lendemain il retourna rue Saint-Placide avec un docteur pour prendre possession du corps au nom de la Société d'autopsie mutuelle. Le corps n'y était plus. Mme Monnot et son fils, contrairement aux intentions du défunt, l'avaient expédié à Pontoise pour le faire inhumer.

M. Sigismond Lacroix, qui avait reçu un double du testament, ayant été informé que les intentions du légataire avaient été violées, a intenté une action au fils du mort.

ESCROC PAR LE MARIAGE

12 avril.

Le nommé Viaud, ou Mollard, ou Daguet, pratiquait sur une assez large échelle le mode d'escroquerie suivant :

Il s'enquérait des veuves ou des jeunes filles orphelines à marier, s'adressant de préférence à celles qui possédaient un commerce ou un magasin. Il entrait en relations avec elles, leur faisait quelques cadeaux, et, lorsqu'il se croyait à peu près sûr d'être agréé de l'une d'elles, la demandait en mariage. Il comptait ainsi, à Paris, quinze ou vingt personnes qu'il s'était engagé à épouser.

Le mariage n'était qu'un prétexte pour entrer dans l'intimité de jeunes dames et se faire confier des valeurs par elles. Lorsqu'il leur avait extorqué quelques obligations dans le but de les échanger à la Bourse contre d'autres mieux cotées, il disparaissait.

On l'a arrêté chez un fruitier, nanti de valeurs dérobées à la veuve d'un ancien officier. Cet exploiteur du célibat est père de famille.

LA FEMME, LE GENDARME ET LE GARDIEN DE LA PAIX

15 avril.

La femme, détenue à Lyon, avait été amenée par le gendarme dans le cabinet du juge d'instruction, qui avait prononcé sa mise en liberté. Elle se retirait tranquillement et était déjà à quelques pas du palais de justice, quand elle fut aperçue par son conducteur.

Celui-ci, ignorant la décision du juge d'instruction et croyant à une évasion, hèle sa prisonnière qui, effrayée, détale de son mieux. Le gendarme s'élance à sa poursuite.

Sur ces entrefaites, un gardien de la paix apparaît et se met à courir après les deux autres. Enfin, après une course extravagante, le gendarme atteint sa proie, mais le gardien arrête le gendarme et lui dit : « Elle est libre. »

La prisonnière, délivrée, a eu les honneurs de la foule accourue.

RUE DE LA SMALA

19 avril.

Dans une chambre de la maison située au n° 10 de la rue de la Smala vivait en concubinage, depuis cinq ans, un journalier nommé Henri Baudhui, âgé de trente ans, et une femme de journée, âgée de quarante-neuf ans, nommée Alphonsine Bigeard.

Cette dernière, gaillarde fortement charpentée, mettait facilement son amant à la raison, lorsque dans les soirées du samedi au mardi il rentrait ivre. La veille de Pâques, il fit mieux et ne rentra point du tout. Quatre ou cinq jours après, il se présentait à son domicile en complet état d'ivresse. Sa maîtresse, l'apercevant, ferma la porte du corridor, que l'ivrogne, furieux, enfonça à coups de pied. La résistance qu'il rencontrait l'exaspérant, il sortit son couteau et, faisant voler la porte en éclats du dernier coup, il se jeta sur Alphonsine Bigeard, qui était restée dans le corridor. Celle-ci, voyant briller l'arme dans la main de Baudhui, lui cria :

— Tu sais, ne plaisantons pas.

— Non, non, répondit l'ivrogne, je ne plaisante pas, tu vas voir ça.

Et il se rua sur elle le couteau levé. Alphonsine

esquiva le coup et, arrachant le couteau des mains de son amant, lui en porta un coup violent. L'ivrogne tomba, atteint profondément au sein gauche. En voyant le sang couler, la femme se mit à pleurer ; des gardiens de la paix l'arrêtèrent bientôt, ainsi que Baudhui.

SUPERSTITION

24 avril.

A la foire de Saint-Philibert (Loire-Inférieure), plusieurs vaches, piquées par la mouche, échappant tout à coup aux personnes qui les retenaient, se sont jetées à travers les autres animaux et ont porté le désordre dans toute la foire ; elles ont parcouru ainsi la rue principale de Saint-Philibert, et ce n'est pas sans peine que l'on a pu les arrêter et les reconduire sur le marché. Le calme s'était rétabli quand, soudain, a éclaté parmi ces animaux une nouvelle panique. On a pu cette fois les maîtriser sur place.

Mais les paysans, ignorants et superstitieux, au lieu de se rendre compte de la cause réelle de l'incident, ont parlé de magie et de sortilège. Bientôt, exaspérés, ils ont accusé plusieurs personnes d'avoir jeté des poudres aux bêtes.

Un individu était particulièrement menacé par certains cultivateurs qui allaient le frapper avec leurs aiguillons et peut-être lui faire un mauvais parti, lorsque la gendarmerie est survenue et l'a protégé.

UN FIANCÉ VIOLENT

22 avril.

Le nommé Balsanti, fiancé à une jeune fille âgée de dix-sept ans environ, Marie Barette, avait eu avec elle une scène de jalousie à la suite de laquelle il l'avait soufflétée.

Étant venu le lendemain chez elle, il lui demanda, en présence de sa mère, si elle était toujours fâchée et si elle consentait à leur mariage.

La jeune fille lui répondit négativement, ajoutant qu'après la scène de la veille tout était fini.

Ces mots aveuglèrent de colère Balsanti qui, tirant de dessous ses vêtements un couteau de cuisine dont il était armé, en porta sept coups à la jeune fille, au bras, au cou, à la tempe gauche. Aux cris de la victime, sa mère accourut. Mais le meurtrier la repoussa brutalement contre l'angle d'une porte et lui fit une large estafilade aux doigts pendant qu'elle cherchait à lui enlever son arme et à protéger sa fille.

Aux cris de la mère, le meurtrier prit la fuite et, devant la gendarmerie qui arrivait, alla se jeter dans un ruisseau, profond de 1^m,50, d'où il put être aussitôt retiré.

UN MÉDECIN DANS L'EMBARRAS

25 avril.

M. le docteur Émile Dubois, appelé par lettre auprès de Mlle M..., artiste peintre, qui réclamait ses soins, se rendit auprès d'elle. Au moment où il lui posait quelques questions sur sa maladie, Mlle M... se leva, alla à la porte qu'elle ferma à double tour et revint près du docteur; elle le somma de lui délivrer un certificat d'une formule qu'elle avait préparée.

M. Dubois devina qu'il avait affaire à une folle et, lui faisant espérer qu'il signerait le certificat, se dirigea vers la porte pour sortir; mais sa cliente, lui barrant vivement le passage, sortit un revolver armé qu'elle dirigea sur lui.

M. Dubois n'eut que le temps d'empoigner l'arme, mais il ne put l'arracher des mains de la folle. Il dut la traîner jusqu'à la fenêtre, d'où il appela au secours, criant aux voisins d'enfoncer la porte.

On accourut et on délivra le docteur.

MAI

MAI

LA MÈRE ET L'ENFANT

3 mai.

Mme Biscanat se trouvait à Grenoble dans le dénuement le plus complet; elle se voyait abandonnée de tous. Mère d'une petite fille de six ans, elle conçut un projet désespéré.

Après avoir habillé Marguerite avec la plus belle robe qui lui restait, la mère, folle de douleur, alluma un réchaud et se coucha aussitôt auprès du petit ange qui souriait et demandait si on allait bientôt se promener.

La mort ne se fit pas attendre, et, le lendemain, les voisins, attirés par l'odeur de gaz acide carbonique, en enfonçant la porte, virent les cadavres de la mère et de l'enfant étroitement enlacés.

UN AUDACIEUX FILOU

4 mai.

Il avait pris pour objet de son exploitation les cochers de fiacre. Il était physionomiste, et d'un coup d'œil il savait choisir « une bonne tête. »

Une fois son choix arrêté, il prenait le cocher à l'heure et se faisait conduire à une adresse quelconque en ayant l'air de prétexter des affaires importantes et pressées; puis arrivé à destination, il disait au cocher :

— Attendez-moi un peu, ce ne sera pas long.

Effectivement, peu de temps après, il remontait en voiture et se faisait alors conduire à l'Entrepôt général des vins à Bercy. Là il disait au cocher de l'attendre près de la grille d'entrée.

Au bout d'une demi-heure, il sortait tenant dans ses mains des papiers de commerce avec des en-têtes majestueux, et, s'adressant au cocher, il lui donnait une adresse très éloignée en ajoutant : C'est bien désagréable, pour 20 ou 25 francs qui me manquent, je suis obligé de retourner jusque chez moi !

Puis, après un moment d'hésitation : A propos, vous seriez bien aimable de me les avancer pour quelques minutes, cela m'éviterait une grande course; quand vous me reconduirez chez moi, je vous récompenserai bien.

Le cocher, alléché par l'espérance d'un bon pourboire et impressionné par la belle tenue et les grandes manières de son client donnait la somme demandée et le tour était joué.

Car notre individu rentrait tranquillement dans l'Entrepôt général, il le traversait et ressortait du côté opposé par la rue de Bercy, pendant que le pauvre cocher se morfondait à l'attendre près de la grille d'entrée.

Notre filou recommença souvent son tour et toujours avec succès, à l'entrepôt de Bercy et à l'entrepôt Saint-Bernard.

Mais il s'adressa un jour justement à un cocher qui avait déjà été sa dupe il y a quelques mois; celui-ci l'ayant reconnu tout de suite malgré son changement de costume complet, n'en fit rien paraître, et le conduisit à l'adresse qu'il avait donnée; mais lorsqu'à la seconde reprise il eut donné l'adresse à l'entrepôt de Bercy, le malin cocher, au lieu de l'y conduire, le mena chez le commissaire qui, malgré ses protestations, fit écrouer au Dépôt ce si habile filou.

CHARMANTE IDÉE DE POCHARD

5 mai.

Le nommé Henri Vitu, âgé de 68 ans, demeurant rue de Belleville, avait largement festoyé, en compagnie d'un de ses amis, si bien festoyé, que l'ami, un sieur S..., s'endormit sur le trottoir, où il ronfla bientôt comme une toupie.

Vitu est pris subitement d'une idée baroque. Il enlève au dormeur son chapeau, son paletot, son gilet et sa culotte, et s'en va, le laissant nu comme un petit Saint-Jean. Mais voilà que de ses mains défaillantes s'échappent les frusques, et il les sème sur le chemin comme le Petit-Poucet sème ses cailloux.

Pris de remords, il se rend au poste et dénonce son forfait. Il avait dépouillé son ami.

Les gardiens de la paix ont commencé par le coller au poste, puis, guidés par les épaves semées sur la route, ils sont arrivés à S... qui, malgré la légèreté de son costume, dormait toujours et faisait des rêves d'or. Ils l'ont rhabillé et emmené aussi.

VICTIME DE SA CONCIERGE

6 mai.

C'est une femme à poigne que la concierge de M. Benjamin Foâ, 100, rue de Belleville, et elle a pour principe qu'il ne faut pas se laisser *embêter* par ses locataires.

M. Foâ rentrait vers dix heures. Ce n'est pourtant pas une heure indue. Il trouve la porte fermée. Il sonne, rien. Il resonne, rien. Il carillonne à réveiller toute la maison, rien !...

A la fin, il se mit à taper du pied dans la porte. Cette fois il obtient un résultat. La porte s'ouvre, et la concierge apparaît armée d'un manche à balai, et les coups de pleuvoir dru comme grêle sur la tête et les épaules du malheureux qui se sauve au poste à demi éclopé ; si éclopé qu'il a fallu le porter à l'hôpital.

Comme la concierge a dû bien dormir !

UN FAUX MARIN

8 mai.

Un fiacre arrive place de la Bastille. Un marin en descend, cause un instant avec le cocher, puis prend tout à coup sa course en suivant le boulevard de Contrescarpe, mais il est suivi de près par le cocher.

Comme le cocher ne criait pas, se contentant de poursuivre le marin à outrance, tous les spectateurs croyaient à une gageure et suivaient avec intérêt les péripéties de cette chasse à courre, encourageant même de la voix le marin qui étonnait par ses bonds prodigieux.

Le cocher, de son côté, était magnifique dans sa pose. Presque debout sur son siège, il excitait son cheval plutôt par la voix que par le fouet, et ce noble animal s'envolait, pour ainsi dire, sur les traces du marin.

Plusieurs fois le cocher avait été sur le point d'atteindre le marin; mais celui-ci, par un effort suprême, reprenait son avance. Arrivé au pont Morland, il gagna même un peu de terrain. Après avoir traversé le pont, ils enfilèrent le boulevard Bourdon, et, suivant le canal sur l'autre rive, ils se retrouvèrent bientôt au point de départ, place de la Bastille.

Trois fois de suite ils firent le tour du bassin du canal Saint-Martin ; mais à la fin du troisième tour, le cocher ayant réussi à atteindre le marin, sauta de son siège et lui mit la main au collet.

C'est alors que le public, édifié sur la cause de cette course désordonnée, apprit que le marin n'était qu'un escroc qui, après s'être fait promener toute la journée à la foire au pain d'épices et même dans la banlieue, avait trouvé très simple de ne pas payer le cocher.

A LA BONNE-RENCONTRE

8 mai.

Un ingénieur et sa maîtresse, tous deux jeunes, mais tous deux mariés de leur côté et tous deux adultères, quittaient un soir leur foyer respectif et venaient passer la nuit à l'hôtel de la Bonne-Rencontre, à Plessis-Belleville.

A l'aube, après avoir écrit à leurs parents pour annoncer leur funeste détermination, les amants partirent dans la campagne, se dirigeant vers Ermenonville.

Ils s'arrêtèrent bientôt dans un jardin plein de lilas ; là ils se disaient un éternel adieu, puis le jeune homme tirait un coup de revolver sur sa maîtresse et lui fracturait l'os frontal; ensuite, il se faisait sauter le crâne.

Quand on a retrouvé le jeune couple baignant au milieu d'une mare de sang, la jeune femme n'avait pas encore rendu le dernier soupir.

―◆―

GUET-APENS

9 mai.

Trois jeunes gens, dont le plus âgé a à peine vingt ans, s'étaient réunis en une sorte de petite bande ayant son chef et un nom de guerre. Un soir, ils s'étaient postés à l'affût, à l'angle de la rue du Saulger, espérant que la sortie d'un bal voisin leur fournirait une proie facile.

En effet, le sieur L***, qui s'était attardé avec quelques amis, à l'occasion de la grande paye, passait là, regagnant son logis, lorsque les trois drôles, qui s'étaient dissimulés dans l'embrasure d'une porte cochère, tombèrent sur lui à l'improviste, le terrassèrent et le laissèrent pour mort sur le sol. Ils lui mutilèrent la figure à coups de talon de bottes, et ne s'éloignèrent pas sans lui avoir volé sa montre et son porte-monnaie.

Cependant, aux cris de l'ouvrier, des agents étaient

accourus et s'étaient mis à la poursuite des fuyards. Quoique serrés de près, les jeunes bandits parvinrent à s'éclipser par des rues adjacentes; on ne les a rattrapés que le lendemain.

Ces individus se nomment : le chef, la Sarcelle ou le Grêlé, les autres, le Frisé et Gobache.

UN MARI PRESSÉ

10 mai.

Le 17 avril dernier, à dix heures du soir, le sieur Costa, marchand de vins, ayant surpris sa femme avec un jeune tonnelier, leur administra à tous deux une forte volée avec un manche à balai. Cela fait, ne voulant pas rester plus longtemps à Paris, il vendit son fonds et se prépara à partir pour son pays natal, la Corse.

Un soir, au moment où il se disposait à partir par le train de Marseille, avec sa femme et son enfant, le tonnelier entra dans le débit. Costa, qui était en train de charger ses paquets, crut remarquer qu'en buvant son rival le regardait d'un air narquois. Sortant alors de sa poche un revolver, il fit feu à deux reprises sur le jeune homme, et l'étendit à terre. Puis, il se rendit tranquillement au poste de la rue de Tanger, pour y faire sa déclaration. Il était tellement persuadé qu'il n'avait fait là qu'une chose très naturelle qu'il pria le brigadier d'écrire très vite, afin de ne pas lui faire manquer le train.

On a eu beaucoup de peine à lui démontrer qu'il devait compte à la justice d'une action d'autant plus grave que, portée à l'hospice, la victime y a bientôt rendu le dernier soupir.

―◇―

LE RÉGIME DOTAL

11 mai.

Roussel, ancien feuillagiste, avait connu dans sa jeunesse une demoiselle Louise G***, d'une condition supérieure à la sienne.

Divers événements avaient plus tard interrompu les relations des deux amoureux, lesquels s'étaient mariés, chacun de son côté, sans plus s'inquiéter des amours d'autrefois.

La fatalité voulut que Louise G*** et Édouard Roussel, devenus veufs tous deux, à peu d'années d'intervalle, se rencontrassent de nouveau. Ils associèrent alors, et cette fois définitivement, leurs existences. Leur mariage date de deux ans.

Il paraît probable que Roussel pensait faire une

bonne affaire en épousant Louise G***. Cette dernière, en effet, possédait en propre des valeurs assez considérables. Tant en rentes qu'en espèces, la fortune de Louise s'élevait à sept mille francs de rente.

Roussel apportait un millier de francs.

Or, le contrat stipulait le régime dotal. De là, toute la querelle. Le mari, fort peu expert en matière de contrat, prétendait jouir de la fortune de sa femme ; celle-ci, rendue atrabilaire par l'âge, se refusait à subvenir aux fantaisies de son époux, et lui reprochait, en toute occasion, sa pauvreté. On comprend les incessantes querelles de ce ménage mal assorti.

Les choses en étaient venues à ce point, que M. Roussel avait préparé une mince cordelette d'environ trois mètres de long, et ne cessait de répéter qu'il s'en servirait pour se pendre. Sa femme ne faisait que rire de ses menaces, disant que la lâcheté l'empêcherait d'exécuter cette résolution. Et les scènes violentes se succédaient.

Enfin un jour, à l'issue du second déjeuner, Mme Roussel se retira dans sa chambre à coucher et, assise près d'un guéridon, commença son crochet. Une querelle s'engagea ; querelle d'autant plus sérieuse que Mme Roussel venait d'entamer une instance en séparation de corps contre son mari, et que ce dernier, qui avait reçu le matin les premiers exploits timbrés, était hors de lui.

Roussel, ayant parlé de se tuer, sa femme lui tendit, par dérision, la cordelette. Roussel répondit d'une façon terrible à cette bravade ; il saisit la corde dont l'une des extrémités était arrangée en nœud coulant, la jeta au cou de sa femme, renversa de son siège la malheureuse, et la traîna sauvagement, sans souci de son râle et de ses soupirs, jusqu'à la porte. Mme Roussel, dont la corpulence était extrême, fut rapidement étranglée.

Après avoir tenté de se pendre, l'assassin s'alla constituer prisonnier.

ELLE AIMAIT TROP LE BAL

13 et 14 mai.

Mlle Ernestine, âgée de vingt et un ans, sortait de chez une de ses amies et regagnait son domicile lorsque, arrivée en face du n° 19 de la rue Croix-Nivert, à Grenelle, un individu, sortant de l'ombre d'une porte cochère, s'élança sur elle, la frappa d'un coup de couteau et prit la fuite.

Mystère !... On cherche.

Bientôt on apprend que, quelques instants auparavant, cette jeune fille avait eu dans un bal une discussion avec une de ses amies. Ernestine avait donné à son antagoniste un soufflet et s'était enfuie précipitamment.

Sans doute l'amant de la jeune fille souffletée courut après Mlle Ernestine, et la frappa d'un coup de couteau. Cet homme, un Italien, n'a pu être retrouvé.

HUSSARDS ET PAYSES

16 mai.

Il y a quelque temps, à Lyon, deux filles dévalisaient leur maître et prenaient la fuite en poussant à déserter deux hussards, leurs amants.

Les deux couples se réfugièrent à Genève. Bientôt, le sieur B***, l'un des soldats, se repentit de sa conduite, et manifesta l'intention de rentrer en France. Le malheureux apprit, sur ces entrefaites, que sa maîtresse était une voleuse. Il lui brûla la cervelle et se tua ensuite.

L'autre hussard et sa compagne se rendirent à la frontière et se constituèrent prisonniers.

PÊCHE A L'HOMME

18 mai.

Un pêcheur de Champigny, qui traversait la Marne dans sa barque, aperçut en aval du pont, entraîné par le courant et roulant sur elle-même entre deux eaux, une masse de vêtements.

A l'aide de son croc, il attira à lui cette masse qui montait et s'enfonçait alternativement, mais quelle ne fut pas son émotion lorsqu'il reconnut qu'il avait saisi deux cadavres, un homme et une femme, liés ensemble par une ceinture de cuir.

Sur le cadavre de l'homme, on a trouvé un papier où il disait qu'il se donnait la mort et désirait être enterré chez lui ; sur la femme, rien.

LE DUEL ET LE BON DROIT

18 mai.

Dans une allée de la forêt de Planoise, à peu de distance d'Autun, deux hommes se rencontrent le sabre en main et échangent quelques passes rapides. Les seconds entendent un cri et voient l'un des champions rouler à terre. Ils se précipitent pour le soutenir. Quatre heures plus tard, le blessé rendait l'âme.

M. Asselin habite, en Saône-et-Loire, un très riche domaine. La chasse est son plaisir préféré. Le titre fort envié de lieutenant de louveterie dont il est investi lui confère le droit d'opérer sur une assez vaste étendue de territoire des battues pour la destruction des carnassiers.

M. de Saint-Victor, quinquagénaire, à peu près sans fortune, avait été autrefois officier de cuirassiers. En quittant le service, il avait accepté chez ses cousins, les Talleyrand-Périgord, l'emploi de régisseur des biens que leur famille possède dans le département de Saône-et-Loire. Il souffrait difficilement la présence de M. Asselin sur les terres dont il avait la surveillance, et des instructions strictes avaient, à cet égard, été données aux gardes placés sous son commandement.

Une sorte d'antipathie régnait donc entre M. de Saint-Victor et M. Asselin. Une battue de sangliers, organisée par le lieutenant de louveterie sur les propriétés de la comtesse de Périgord provoqua de la part d'un des gardes particuliers un procès-verbal. Ce document constatait que M. Asselin avait excédé ses pouvoirs en n'avertissant pas de sa visite, conformément au règlement. M. de Saint-Victor était résolu à ne point donner de suite au procès-verbal ; mais il ne voulait pas désapprouver ostensiblement un serviteur fidèle au devoir. Il parut prendre fait et cause pour son subalterne. La discussion s'envenima et, à la suite de plusieurs lettres, M. Asselin pria aussitôt deux amis d'aller demander réparation à M. de Saint-Victor. De son côté, M. de Saint-Victor choisit deux amis. L'ancien officier de cavalerie insistait pour que l'arme de combat fût le sabre. Il exprimait l'espoir que tout s'achèverait par des éraflures.

— Est-ce donc un duel à mort qu'il veut? disait M. Asselin.

Ce dernier ne savait manier que l'épée et le pistolet ; mais il s'y était exercé dès l'enfance et on le disait d'une force supérieure. Le sabre fut choisi.

Au premier choc, M. de Saint-Victor était touché à l'abdomen par un coup droit tellement vigoureux, que la lame de son adversaire, traversant les intestins, pénétrait dans l'épine dorsale. M. Asselin recevait une faible égratignure à la main, une autre à la joue.

A l'exclamation de douleur poussée par M. de Saint-Victor, les témoins s'élancèrent. Ils n'eurent que le temps de le recevoir dans leurs bras. On le transporta sans connaissance à la cure de Fragny.

« Je suis perdu, murmura-t-il lorsqu'il rouvrit les yeux. Avertissez ma femme et appelez un prêtre... »

Mme de Saint-Victor accourut assez tôt pour recevoir le dernier soupir de son mari.

MILITAIRES ET CIVILS

19 mai.

Dans le haut Courbevoie, au n° 22 de la rue de Bezons et à une centaine de mètres au plus de la caserne d'infanterie occupée à ce moment par le 74°, se trouve un bal populaire tenu par un sieur Bontemps, propriétaire du café du Midi.

Le bal n'est ouvert que le dimanche et reçoit alors, en même temps que des ouvriers de la localité, un assez fort contingent de soldats et de sous-officiers de la caserne voisine. Depuis un an, une animosité violente régnait entre les habitués civils du bal et les habitués militaires, les premiers accusant les seconds d'accaparer les danseuses et de faire les malins parce qu'ils avaient un sabre ou des galons.

Déjà de nombreuses disputes avaient eu lieu et M. Depaix, commissaire de police, tenu au courant de la situation, avait l'œil sur l'établissement.

Un dimanche soir, il se rendit à dix heures au

bal Bontemps, et constata qu'il y régnait, entre civils et militaires, une fermentation plus grande que d'habitude. Après avoir recommandé le calme à quelques-uns des sous-officiers présents, le commissaire sortit. A onze heures et demie, il était de retour; remarquant alors que l'agitation ne faisait que croître, il conseilla à M. Bontemps de fermer et resta pour surveiller la sortie, laquelle s'effectua, contre toute apparence, dans le plus grand calme.

Le bal était fermé depuis une heure lorsque M. Depaix, qui avait tenu à s'assurer par lui-même de la tranquillité des abords du bal et de la caserne, entendit des rumeurs du côté de la rue de Nanterre. Il se porta de ce côté et rencontra une patrouille de douze hommes du 74e, commandés par un sergent-major.

Ce sous-officier raconta à M. Depaix que la patrouille venait d'être assaillie à coups de pierres par une trentaine d'individus et que, ne voulant pas être contraint de se servir des armes, il avait jugé à propos de se replier avec ses hommes.

Sur la réponse de M. Depaix que la capture de quelques-uns des perturbateurs était indispensable pour assurer la tranquillité de la nuit, la patrouille, précédée par les agents, revint sur ses pas.

La troupe rencontra bientôt les mauvais garnements qui l'avaient assaillie, et qui, malgré les exhortations des agents, firent pleuvoir de nouveau pierres et briques. Un agent sortit un revolver et tira une première fois en l'air. A ce moment, il reçut dans le haut de la cuisse une pierre lancée avec une telle force que l'armature de son porte-monnaie fut tordue.

L'agent tira une seconde fois : les assaillants se dispersèrent, mais trois furent arrêtés.

AMOUR A L'ITALIENNE

19 mai.

Mme Polinari, d'origine italienne, tient rue Sainte-Marguerite un débit de vin où logent en partie des Piémontais et des Italiens.

L'un des locataires, Fenaroli, âgé de vingt cinq ans, s'était épris de la fille de son propriétaire. Malheureusement pour lui, celle-ci ne la payait pas de retour, et, avec le sans-gêne de ses dix-sept ans, elle le lui déclara tout net.

Furieux, Fenaroli jura de se venger et, choisissant le moment où la jeune fille était seule au comptoir, il lui tira un coup de revolver. La balle manquant son but alla se loger dans la jambe droite d'un autre ouvrier, Leonardi, qui buvait à une table avec son camarade Bassi.

Bassi se jeta sur Fenaroli et, après l'avoir désarmé, le maintint jusqu'à l'arrivée des gardiens de la paix.

L'ESPLANADE DES INVALIDES

22 mai.

Vers huit heures du soir, un tout jeune homme de 17 à 18 ans et une jeune fille d'une quinzaine d'années se trouvaient assis sur un des bancs de l'Esplanade, du côté de la rue Fabert et à peu de distance de la rue Saint-Dominique.

A la suite d'un colloque, le jeune homme se leva et, braquant un revolver sur sa compagne, lui tira cinq balles successives.

Deux des projectiles atteignirent la malheureuse enfant au côté droit de la tête et un troisième au sein. Les passants se précipitèrent sur l'assassin et l'arrêtèrent. La jeune fille blessée eut le courage de retirer une des balles de la blessure.

Or, voici le roman qui précède ce drame.

Dans la maison portant le n° 26 de la rue Tourville, au rez-de-chaussée, demeure, depuis plusieurs années, une nombreuse et intéressante famille : Mme Vve Mazioli et ses cinq enfants, trois jeunes filles et deux jeunes gens ; les fils sont mosaïstes, les filles sont conturières. La mère s'occupe du ménage et de l'entretien. Tout ce petit monde travaille courageusement et a d'autant plus de mérite que, du vivant de M. Mazioli, mosaïste très distingué, une assez large aisance régnait dans la maison et que nul ne pouvait prévoir la gêne relative qui survint.

Malgré le double chagrin causé par la mort du chef de famille et la perte plus récente du fils aîné, Mme Vve Mazioli et ses enfants avaient retrouvé dans le travail la sécurité matérielle et la tranquillité morale.

Mais, pour leur malheur, un jeune homme du nom de Gabriel Doucet, dont le père et la mère avaient demeuré quelque temps sur le même carré que Mme Mazioli, s'était mis à poursuivre de ses obsessions ses jeunes voisines, et cela de telle sorte que Mme Mazioli dut, il y a quelque temps, s'adresser à M. Bignottet, commissaire de police, pour faire cesser ces importunités.

De leur côté, les parents de Gabriel Doucet, honnêtes et courageux travailleurs, déménagèrent.

Ce changement de résidence ne mit nullement fin aux agissements de Gabriel dont les inconvenantes persécutions s'adressaient surtout à Angélique Mazioli, une douce et charmante enfant de quinze ans. Les menaces des fils Mazioli à l'égard de Gabriel furent également impuissantes.

C'est dans ces conditions que le drame s'est engagé.

Vers huit heures du soir, Angèle passait par l'esplanade des Invalides et s'arrêtait avec une de ses compagnes près de la rue Saint-Dominique...

On sait le reste.

UN SÉNATEUR INJURIÉ

25 mai.

M. Honoré, sénateur du département de la Meuse, passait rue de l'Arbre-Sec, lorsqu'un individu l'apostropha grossièrement, lui criant : « Je te reconnais bien, Honoré, sénateur de Nouméa, tu étais de la commission d'amnistie avec les autres ; tu te souviens de Ferré, n'est-ce pas ? sois tranquille, va, ton tour viendra et tu ne perdras rien pour attendre. »

M. Honoré resta d'abord interdit en s'entendant interpeller de la sorte et il pensa qu'il avait affaire à un fou ; mais bientôt il reconnut que celui qui l'insultait était un certain Borel qui, depuis un an, le poursuivait de ses invectives.

Ce Borel était, en 1870, commissaire de police à Dornay (Vosges) pendant que M. Honoré était procureur à Mirecourt. Ce dernier avait rendu à Borel de grands services, et, en dernier lieu, l'avait fait nommer commissaire de 3ᵉ classe à Watrelos (Nord). Peu de temps après, Borel avait été révoqué et M. Honoré ne s'était plus occupé de lui.

Comme ce personnage ne cessait d'injurier M. Honoré, et qu'un rassemblement considérable commençait à se former dans la rue, M. Honoré requit un agent et fit arrêter l'insulteur.

TOUJOURS LES PISTOLETS

28 mai.

Deux amis, André Remezon, âgé de 21 ans, emballeur, et Alphonse Matmer, âgé de 18 ans, habitent au n° 7 du passage Julien-Lacroix. Ils possèdent un vieux pistolet d'assez fort calibre qu'ils avaient chargé d'une balle de chassepot et de petit plomb.

Or, Matmer était couché; l'autre voulut le faire lever. Par manière de plaisanterie, Remezon prit le pistolet, et ôtant la capsule :

— Si tu ne te lèves pas, je te tue, dit-il.

Et il appuya sur la détente. Le chien s'abattit, une détonation retentit et Matmer reçut en plein toute la charge dans la figure.

Il fut porté à l'hôpital, grièvement blessé... La

capsule enlevée avait laissé un peu de fulminate qui a suffi pour enflammer la poudre.

LE ROMAN DU SOUS-OFFICIER

31 mai.

Le 8 juillet 1879, un sieur Victor Bermant, ancien militaire, amputé du bras droit, venait louer, rue d'Aboukir, 90, une petite chambre au sixième. Son mobilier n'était pas luxueux : un lit, une table, quatre chaises, ce qu'on appelle l'ordonnance. Pourtant Bermant n'était pas seul, il avait avec lui sa maîtresse, une belle fille de vingt et un ans, blonde et forte en couleur, nommée Louise Demaret, employée comme cuisinière à l'institution Coquillard, 68, rue Jean-Jacques-Rousseau.

Louise avait d'assez bons gages. Bermant fut nommé facteur au télégraphe; le ménage irrégulier paraissait heureux. Il ne l'était point cependant, car les deux amants avaient des querelles incessantes. Sous son apparence de rondeur, Bermant cachait un caractère emporté. Ce n'était point à la guerre qu'il avait perdu son bras, mais à la suite d'une blessure reçue en duel, au 23e dragons, où il était maréchal des logis. Aussi, à chaque instant s'emportait-il pour la moindre chose, menaçant et frappant Louise. Tout le monde s'en apercevait. On disait même en riant que Bermant avait acheté le bras mécanique qu'il portait quelquefois, le dimanche, uniquement pour mieux battre sa femme.

Quoique très douce et très patiente, Louise avait fini par se rebiffer et, un jour, comme il l'avait frappée assez rudement, elle le menaça, s'il recommençait, de lui briser un litre sur la tête.

On se demandera comment, dans de telles conditions, Louise ne quittait pas son amant. C'est que, depuis trois mois, elle était enceinte et qu'elle espérait qu'une fois que l'enfant serait venu au monde, Bermant l'épouserait... Mais Bermant menaçait, lui, de la quitter.

Enfin, après une querelle violente et sur la demande des voisins, le propriétaire de la maison donna congé au ménage Bermant pour le 8 juillet. Bermant dit tranquillement à Louise :

— Ce serait vraiment le moment de me débarrasser de toi.

— Si tu faisais cela, je te tuerais, s'écria la jeune femme.

L'ex-maréchal des logis haussa les épaules et s'en alla au café. A minuit il rentra, et, quelques instants après, arriva Louise, qui avait, elle aussi, passé la soirée chez une amie...

A cinq heures du matin, M. Périer, concierge de la maison, fut éveillé par des coups frappés au carreau de la loge. Il ouvrit le vasistas et se trouva en face de Louise, qui lui dit :

— J'ai accompli mon désir : je viens de tuer Victor; ouvrez-moi, que j'aille me faire mettre en prison.

— Le concierge, à demi éveillé, ouvrait la porte et Louise, tenant un revolver à la main, se rendit directement au poste Bonne-Nouvelle.

— Arrêtez-moi, dit-elle en arrivant. J'ai tué mon amant. Il est sur son lit, rue d'Aboukir, 90, au sixième... Il ne s'est pas réveillé.

Et elle remit au brigadier le revolver et la clef de sa chambre. On la fit asseoir et garder par deux agents, pendant que deux autres, munis de la clef, se rendaient au domicile de Bermant. Le concierge se leva et les accompagna au sixième étage. Le malheureux était couché dans son lit, la tête ensanglantée, l'orbite de l'œil gauche vide, quelques débris blanchâtres étaient mêlés au sang coagulé sur les draps du lit. Sa maîtresse l'avait tué, à bout pourtant, pendant son sommeil, d'un coup de revolver au front; la balle, entrant dans le crâne à l'angle du nez et de l'œil gauche, avait foudroyé Bermant.

Louise Demaret fut alors conduite au bureau de

M. Brissaud, commissaire de police. Elle lui raconta en pleurant les circonstances de son crime. A peine était-elle rentrée que Victor, qui paraissait de mauvaise humeur, avait recommencé une nouvelle querelle et lui avait déclaré qu'il fallait en finir et se séparer. Elle l'avait prié, supplié, lui représentant son état de grossesse. Il avait été inflexible. La discussion se prolongeant, Victor s'était couché, et elle était restée assise sur une chaise. A cinq heures moins un quart, comme il dormait profondément, elle a dirigé le revolver vers le tête de son amant et a lâché la détente.

— Il ne s'est pas réveillé, a-t-elle répété. Il n'a pas souffert!...

JUIN

JUIN

UN SOLDAT FOU

1er juin.

Un soldat du 140e de ligne, à Lyon, s'enferma tout à coup à double tour dans la chambre de son capitaine, dont il était l'ordonnance, puis, ayant pris son fusil, monta la garde toute la nuit.

Le matin il ouvrit brusquement la fenêtre en criant : « A l'assassin ! » puis, saisissant son fusil, il menaça de faire feu sur les passants, ainsi que sur les soldats du poste de la place Saint-François. Des gardiens de la paix, postés autour de la place et à l'abri des balles, en interdirent le passage.

Pendant ce temps, les soldats du poste cherchaient à pénétrer dans la chambre de Monchalin, qui, à cheval sur la fenêtre faisant face à la porte, menaçait de faire feu si on voulait l'ouvrir. Le capitaine essaya, mais en vain, de calmer son ordonnance, qui cria de plus belle : « A l'assassin ! au voleur ! » Un autre officier, M. du Bourg, qui avait eu Monchalin à son service, voulut également monter : « Retirez-vous, monsieur du Bourg, lui crie le fou, je ne veux pas vous faire du mal, mais je veux tuer les assassins qui se cachent derrière vous. »

Enfin, après trois heures de tentatives inutiles pour calmer le malheureux aliéné, les soldats font brusquement sauter la serrure et se précipitent sur lui. Monchalin décharge en l'air son fusil en poussant un dernier cri : « A l'assassin ! au voleur ! » saute de la fenêtre et roule sur le sol.

Il ne s'était fait aucun mal, et il ne comprenait pas pourquoi on le voulait mener à l'hôpital.

―◇―

UN CAISSIER INFIDÈLE

4 juin.

M. Engel, directeur de la maison Dollfus et Meeg, à Mulhouse, fut prévenu, dans le courant du mois d'avril, que la maison de Paris avait un découvert de 200,000 francs chez un banquier de Paris. Il s'en étonna et fit part de sa surprise à ses patrons. Les soupçons de ces messieurs se portèrent sur le caissier Den ; ils le surveillèrent et acquirent bientôt la certitude que non seulement il détournait des valeurs, mais qu'il les négociait avec le concours de plusieurs complices.

M. Macé, averti de ce fait au commencement du mois de mai, fit entrer un de ses meilleurs agents comme employé dans la maison Dollfus; on l'adjoignit au caissier qui ne tarda pas à l'admettre dans son intimité, l'emmenant à sa maison de campagne d'Ermont où il dépensait en parties fines le fruit de ses vols. L'amitié entre Den et l'agent s'était rapidement cimentée; ce dernier lui avait raconté qu'à la suite de quelques escapades, son père avait renoué les cordons de sa bourse; plus tard, il serait très riche; mais, en attendant que le courroux paternel fût apaisé, il devait travailler, ne fût-ce que pour faire preuve de bonne volonté.

Den ne pouvait avoir un meilleur ami; aussi le laissa-t-il pénétrer assez dans son intimité pour que ses opérations de bourse, ses fausses écritures, ses relations véreuses fussent bientôt connues de l'agent. Il assista même à une querelle entre un sieur Courtaux, ancien notaire, et Den, au sujet d'une opération faite en commun. Courtaux, dans un moment de colère, menaça de dénoncer le caissier.

Suffisamment édifié, l'agent adresse un rapport à M. Macé, qui fit arrêter le caissier... L'enquête prouva que les vols montaient à 1,900,000 francs.

UNE VEUVE

6 juin.

Une veuve Duprat, qui habite Nérac depuis quelques années, avait perdu son mari il y a un mois environ. A la mort de ce dernier, tout le mobilier avait été enlevé, la misère était entrée au logis, et la veuve Duprat n'avait pas même un grabat pour se reposer avec son nouveau-né.

Prise de désespoir, cette malheureuse femme a cherché à se jeter dans la Blaise avec son enfant. On a pu intervenir à temps et la sauver. Elle a été ramenée chez elle.

―◇―

A L'OPÉRA

6 et 7 juin.

Vers dix heures et demie, à l'Opéra, pendant le ballet de *Coppélia*, au moment où les danseuses entraient en scène, deux détonations se firent entendre partant des loges du second étage.

Immédiatement, l'émotion gagna la scène et la salle. Les danseuses, effrayées, croyant qu'on tirait sur elles, se réfugièrent dans les coulisses, pendant que le personnel du théâtre, choristes et machinistes, accouraient de tous côtés en désordre sur la scène. Dans la salle, les spectateurs, debout, croyant à une explosion de gaz, dirigeaient leurs regards vers une loge de seconde enveloppée d'un nuage de fumée. Quelques personnes des loges, prenant précipitamment leurs manteaux, ouvrirent leurs portes et gagnèrent le corridor pour s'en aller.

Au moment où on baissait le rideau, trois nouvelles détonations se succédèrent. Les spectateurs des loges de seconde galerie coururent à la loge n° 35, qu'on ouvrit, et se trouvèrent en face d'un jeune homme, âgé de vingt-deux ans, affreusement pâle, renversé sur le divan, la chemise tachée de sang.

Le malheureux jeune homme, blessé au cou et au-dessus du cœur, râlait. Il tenait encore dans sa main droite son revolver à six coups et, dans sa main gauche, un flacon de chloroforme qu'il avait essayé de respirer aussitôt blessé.

On le transporta à l'infirmerie de l'Opéra, où M. le docteur Taylor s'occupa de découvrir son identité. Une lettre datée d'Orléans, trouvée dans la poche de son habit, disait en substance :

« Je suis dégoûté de la vie depuis que je vois que je ne suis bon à rien. J'ai joué à pile ou face, ce matin, de quelle façon je mettrai fin à mes jours. Le sort a décidé que je devais me tuer ce soir au théâtre.

» Comte d'Aulnoy,
» Grand-Hôtel. »

On l'a transporté à l'hôpital Beaujon, et là, soigné, on le guérit et renvoya à sa famille, qui s'appelle réellement de Labry, comme on l'a constaté après enquête.

C'était une tête exaltée et folle.

Le pseudonyme sous lequel il se cachait lui avait servi auprès de M. Alex. Dumas, à qui il avait demandé des autographes de son père et de lui, en vue, disait-il, de distraire un fils mourant dont l'unique plaisir était de collectionner les lettres des hommes célèbres. M. Dumas lui envoya les autographes demandés. Quelque temps après, il recevait une nouvelle lettre du comte d'Aulnoy, lui annonçant la mort de son fils. Dumas lui écrivit aussitôt une lettre affectueuse qui lui valut la réponse suivante :

« Monsieur,

» Merci de la marque de sympathie que vous avez bien voulu me donner. Au milieu de ces misérables valets d'hôtel pour qui la mort de mon fils n'est qu'un embarras, d'étrangers pour qui ce n'est qu'une curiosité banale, il m'est bien doux de sentir qu'un homme au moins a pitié de moi et plaint sincèrement l'épreuve que m'impose la fatalité, plus encore en me laissant la vie qu'en l'ôtant à mon pauvre enfant. Que ferais-je maintenant? C'était lui mon unique espérance. Qui me retiendra maintenant? Ma carrière? je n'en ai pas. Ma famille? je n'en ai plus. Mes amis? je n'en ai jamais eu. Dans quel but vivrai-je?...

» Heureux, monsieur, ceux qui poursuivent sans cesse un idéal et marchent dans la vie guidés par une pensée fixe! Heureux qui se consacre entièrement à quelque chose qu'on ne peut lui enlever, qui, au milieu des grandes douleurs, trouve dans l'étude, dans la prière, dans les voyages une consolation ou du moins une occupation! mais, pour moi, rien, rien!... Mon fils était tout pour moi. Tout mon bonheur, toutes mes espérances, toute ma vie, tout est parti avec mon fils. Tout a été enfoui dans son cercueil. Tout est fini pour moi.

» A propos de douleurs moins poignantes on a dit : Tue-la, tue-les. Que n'a-t-on dit : « Tue-toi. »

» Je suis maudit.

» Je sens que ma douleur m'égare. Pardonnez-moi et plaignez-moi.

» Merci encore de votre sympathique lettre.

Comte D'AULNOY.
» Hôtel Saint-Aignan, Orléans. »

Cette lettre et d'autres encore, écrites à MM. Sardou, Richepin, etc., émanaient évidemment d'un fou ou tout au moins d'un maniaque.

UN PEINTRE

8 juin.

Rares sont les passants rue Bochard-de-Saron, plus rares ceux qui s'y tuent.

C'est pourtant ce qu'a fait un jeune homme de vingt-cinq ans, qui, ouvrant brusquement son couteau, s'en porta deux coups au flanc droit et tomba sur le trottoir.

C'était un artiste peintre, Henry Penot. Sur lui, on trouva un billet portant ces mots : « Marcelle, je me donne la mort pour toi. »

UNE MÈRE DÉNATURÉE

10 juin.

Au mois de février une femme Gand, âgée de trente-huit ans, née à Paris, fixait sa résidence à Saint-Étienne-du-Rouvray dans une maison assez confortable. Elle était séparée de son mari depuis 1870 et avait trois enfants : l'aîné, Arthur Gand, âgé de seize ans, les deux autres, enfants adultérins, garçon et fille, âgés l'un de trois, l'autre de cinq ans.

La femme Gand ne séjourna à Saint-Étienne que quelques jours et, abandonnant ses enfants, partit avec un adjudant d'administration qui avait détourné une somme de 1,000 francs.

Le maire décida qu'on mettrait les deux jeunes enfants aux Enfants trouvés (hospice de Rouen) et en prévint Arthur qui s'en montra très affecté.

Le départ pour Rouen allait s'effectuer le matin. A sept heures, le garde champêtre se rendit à la maison occupée par les pauvres petits. Il monta l'escalier. Une odeur âcre le saisit à la gorge. Il se précipita et fit sauter la porte de la chambre.

Un affreux spectacle s'offrit à ses regards.

Sur un grabat, les trois enfants gisaient : le petit frère de trois ans asphyxié, le jeune homme râlant, ayant dans ses bras sa sœur âgée de cinq ans qu'il serrait étroitement. Au milieu de la chambre fumait un réchaud de campagne. La fenêtre fut ouverte et des soins furent immédiatement donnés à Arthur Gand et à sa sœur, qui ne tardèrent pas à revenir à la vie. Le petit garçon était mort.

Quand le frère aîné put parler, il déclara que le désespoir de se séparer de sa petite sœur, qu'il aimait et qu'il avait élevée, avait déterminé sa funeste résolution.

DANS UN ÉGOUT

18 juin.

Un ouvrier télégraphiste, Pierre Rocher, était occupé à poser des fils dans le réseau d'égout situé aux abords de Notre-Dame-de-Lorette.

Il descendit dans l'égout de la rue des Martyrs par l'ouverture de la rue Hippolyte-Lebas. « Vous avez tort de descendre ainsi sans lumière, lui dit le marchand du bazar situé près de cet endroit. Il doit y avoir de l'eau là-dedans après l'averse qui vient de tomber. »

L'ouvrier ne tint aucun compte de cet avis et continua à descendre. Au bout de quelques instants son camarade, qui veillait à l'entrée pour faire dérouler le fil télégraphique, s'inquiétant du silence de Rocher, pria le marchand de garder l'ouverture tandis qu'il irait voir ce qui se passait en bas. Il descendit avec sa lanterne et constata la disparition de son camarade...

Des agents et des ouvriers de service se mirent à la recherche de Rocher, parcourant tous les branchements où il aurait pu se réfugier, pendant que d'autres surveillaient la sortie des eaux dans le collecteur. On n'a jamais retrouvé le malheureux.

LES FRÈRES ENNEMIS

21 juin.

Un drame sanglant s'est passé dans la gare d'Hendaye, la dernière station française sur la frontière d'Espagne. Le chef de gare, après une légère discussion d'intérêt avec son frère, a tiré sur celui-ci un coup de revolver.

La balle ayant traversé le visage de la victime, le meurtrier tira sur lui-même quatre coups, se logeant trois balles dans la tête.

Comme son frère s'enfuyait, il eut encore la force de se relever, de le poursuivre et de tirer une dernière balle qui atteignit la victime dans le dos.

—◇—

LES DEUX MAITRESSES

22 juin.

La jalouse, cette fois, a cinquante ans !...

Hélène Gruillet n'a pu se procurer du vitriol; mais elle a employé contre sa victime, Louise Doucet, âgée de trente-sept ans, l'esprit de sel.

Devant le 28 de la rue de La Chapelle, elle alla

l'accoster et lui jeta à la figure le contenu de sa fiole. Le visage de Louise ne fut en un instant qu'une plaie...

Le plus à plaindre, cependant, est le malheureux que se disputent deux femmes qui, à elles deux, ont quatre-vingt-dix ans.

UN NOYÉ TÊTU

23 juin.

Un jeune homme, âgé de vingt-cinq ans, était arrêté au pont des Saints-Pères. Tout à coup il enjambe le garde-fou et se précipite dans la Seine avant que les témoins de la scène aient pu prévenir cet acte désespéré.

Pendant quelques minutes on vit ce malheureux, les mains jointes, paraître et disparaître sous les eaux. On le croyait perdu ; mais ce drame avait été aperçu du pilote conduisant le bateau-mouche d'Auteuil. Il fit stopper la machine, et, par une manœuvre habile, arriva doucement au noyé qui put saisir la perche qu'on lui tendait, et fut hissé à bord aux applaudissements de plus de cinq cents spectateurs.

Le malheureux raconta que c'était la misère qui l'avait réduit à cette extrémité.

Un des assistants s'approcha du jeune homme et lui donna quelques pièces de monnaie en l'engageant à prendre courage et à ne pas désespérer, si jeune.

Le pauvre garçon, tout ému, ne voulut d'abord pas accepter.

— Merci, monsieur, c'est inutile, je recommencerai.

◇

LE « PION » ASSASSIN

25 juin.

Le repas des élèves était terminé, au réfectoire du lycée d'Aix, à huit heures et demie du soir, et on allait se lever de table, lorsqu'un maître d'étude, nommé Guidevaux, tira de sa poche un revolver et fit feu plusieurs fois sur un de ses collègues, M. Jassaud, qui, atteint en plein visage, tomba raide mort.

L'assassin se laissa arrêter sans résistance.

Pourquoi donc cet assassinat?... Guidevaux, nouveau venu au lycée d'Aix, était le véritable souffre-douleur des autres maîtres d'étude, ses camarades. Jassaud était le plus acharné contre lui, mais tous le brimaient avec une féroce persistance.

Un jour, à bout de patience, Guidevaux provoqua

en duel un de ces brimeurs. On tourna son cartel en ridicule et on ne l'appela plus que le *kroumir*.

Le matin du crime, il eut une querelle, puis une rixe avec Jassaud, et comme il était le moins fort, il fut battu. Guidevaux menaça Jassaud de le tuer. Le soir même, il mit sa menace à exécution.

―◇―

UN CONCIERGE EMPRESSÉ

27 juin.

Pendant plus de trois semaines, les habitants de la maison de la rue Visconti, n° 4, n'avaient pas vu un locataire, nommé Maguet; mais, comme cet individu était voyageur de commerce, personne ne se préoccupait de sa disparition.

Tout à coup une odeur horrible se répandit dans la maison : elle semblait provenir de la chambre de Maguet.

Le commissaire de police du quartier, prévenu, fit ouvrir la porte par un serrurier et on se trouva en présence du cadavre de Maguet en complète putréfaction.

Une lettre, trouvée sur la table de nuit, faisait connaître qu'il se donnait la mort parce qu'une jeune fille qu'il aimait ne voulait pas se marier avec lui.

Détail bizarre et cruel : une lettre que le concierge avait reçue depuis plus de huit jours, et écrite par la jeune fille, faisait connaître à son amoureux qu'elle avait pu enfin décider ses parents qui consentaient au mariage et qu'il n'avait qu'à se présenter.

―◇―

UN MARI TROP JALOUX

28 juin.

Vers minuit, des passants s'arrêtaient autour d'une femme étendue auprès d'un arbre, sur un trottoir de l'avenue des Champs-Élysées. Elle avait la tête ensanglantée, les vêtements déchirés et respirait faiblement. Le bruit d'un assassinat courut de bouche en bouche ; des gardiens de la paix transportèrent la blessée à l'hôtel Washington.

Elle fut reconnue pour être l'épouse d'un sieur Pelletier, marchand de vin du quartier, homme d'un caractère violent, qui fut aussitôt soupçonné d'être l'auteur de cette tentative.

On acquit bientôt, en effet, la certitude qu'il n'y avait dans ce fait qu'une correction excessive, due à une jalousie motivée.

―◇―

MŒURS ITALIENNES

29 juin.

Au n° 86 de la rue Saint-Victor se trouve un hôtel meublé, habité depuis le rez-de-chaussée jusqu'au comble par des familles italiennes.

Dans un petit logement du deuxième étage habitait avec sa femme et ses cinq enfants un sieur Pietro G..., relayeur à la compagnie des Omnibus.

Sa femme, âgée de trente ans à peine, d'un caractère ombrageux, lui faisait des scènes fréquentes, parce qu'elle croyait que son mari entretenait des relations avec une de ses voisines, jeune et jolie.

Mme Pietro G... se trouva un soir sur le carré en présence de sa rivale supposée et lui fit de sanglants reproches. Celle-ci, peu patiente, riposta aux propos aigres de sa compatriote par un formidable coup de poing que Mme G... reçut entre les deux yeux.

Le mari, qui par la porte entre-bâillée avait assisté à une partie de la scène, accourut et prit vivement la défense de sa femme. Malheureusement, dans son ressentiment, celle-ci adressa, pour tout remerciement, de vives injures à son mari qui, furieux de se voir ainsi récompensé, brisa son fouet que, par habitude, il avait conservé à la main, et, se servant du manche, en asséna avec une extrême violence deux coups sur la tête de sa femme.

Au bruit de la dispute, les autres Italiens, locataires de l'immeuble, étaient arrivés sur le théâtre de la lutte ; les uns prirent fait et cause pour la rivale de la femme Pietro G..., les autres pour cette dernière.

Une mêlée terrible s'engagea, dans laquelle hommes, femmes, enfants prirent une part active et qui ne prit fin qu'à l'arrivée de plusieurs gardiens de la paix qu'avait été querir en toute hâte le propriétaire de la maison.

Quand le calme fut un peu rétabli, on s'aperçut que Mme G... était étendue inanimée dans un coin ; elle perdait son sang par une forte blessure qu'elle portait dans la région du cœur.

Par qui avait-elle été frappée?... De mari, plus. On le retrouva caché au cinquième étage.

Tout ce joli monde fut emmené au poste.

ÉTÉOCLE ET POLYNICE

30 juin.

Un drame sanglant s'est accompli à Saint-Étienne-de-Rouvray (Seine-Inférieure). Un ouvrier paveur, nommé Henri Sevesta, âgé de quarante-sept ans, a été tué par son frère aîné. Célibataires tous deux, ils vivaient tous deux sous le même toit. Mais il ne se passait pas de semaine sans qu'il s'élevât entre eux quelque querelle bruyante à la suite de laquelle Arsène, d'un caractère brutal et emporté, maltraitait cruellement son malheureux frère, pauvre hère malingre et souffreteux.

Dimanche soir, Henri était allé se coucher d'assez bonne heure. Arsène ne rentra qu'à minuit, ivre mort. Les voisins, réveillés par le vacarme que faisait l'ivrogne, entendirent d'abord les éclats d'une querelle, puis d'une lutte, des cris, le bruit sourd de coups violemment appliqués, puis plus rien...

Vers sept heures du matin, Arsène, à moitié dégrisé, se précipitait chez une voisine et demandait de la lumière pour voir, disait-il, ce qu'avait son frère, qu'il croyait bien être mort...

Quand on entra dans la chambre, le malheureux Henri gisait inanimé entre la ruelle et son lit, le visage meurtri. Détail horrible : avec la furie inconsciente de l'ivresse, le bourreau s'était acharné à coups de pied et à coups de poing sur sa victime. La marque des clous de ses souliers ferrés apparaissait sur la face et les flancs du cadavre.

Interrogé par les gendarmes, le meurtrier ne put que répondre avec une quasi-apathie : « Je ne sais pas; ce doit être moi qui ai fait le coup, personne n'est entré dans la maison; mais je ne sais pas comment j'ai fait. »

JUILLET

JUILLET

UN AMI DES ANIMAUX

2 juillet.

Des ouvriers travaillaient dans la grande carrière à plâtre de Romainville.

L'un d'eux, nommé Richer, conduisait un wagonnet de pierres, lorsqu'en arrivant près des fours, un ouvrier, nommé Foulon, que le cheval de Richer dérangeait, voulut brutaliser l'animal.

Une querelle s'engagea entre les deux ouvriers, au cours de laquelle Richer reprocha à Foulon d'être récemment sorti de prison. Ce dernier, que ce reproche rendit furieux, frappa son collègue d'un coup de poing si violent que Richer, étourdi, trébucha et tomba si malheureusement sur les rails, qu'il se fractura le crâne.

Quelques heures après il expirait à l'hôpital.

DÉSESPOIR

juillet.

Un jeune homme de vingt-huit ans, peintre en décors, Maurice B..., s'était épris d'une dame demeurant rue Notre-Dame-de-Nazareth, 62. Il vint habiter lui-même un petit appartement au 45 de la même rue pour se rapprocher de celle qu'il aimait.

Il mettait une telle persistance à passer devant sa fenêtre, envoyant des baisers à la dérobée à Mme X..., que les voisins finirent par s'apercevoir des allées et venues de l'artiste et en prévinrent M. X... Celui-ci n'ajouta pas foi à leurs commérages, mais il en fit part à sa femme, qui signifia au peintre de cesser ses visites.

Maurice B... fit quelques démarches pour revoir Mme X..., mais celle-ci ferma ses rideaux et ne reparut plus à sa croisée... Un jour Maurice passa dans la rue et fit signe à Mme X... de descendre. Mme X... ayant répondu par un signe de refus, il tira un couteau-poignard de sa poche et s'en porta un coup mortel dans la région du cœur.

ONCLE ET NEVEU

3 juillet.

Un journalier de La Salette (Isère) courtisait la femme de son neveu, Selme. Celui-ci fut tout étonné un soir de ne pas retrouver sa femme chez lui. Il se renseigna sur son absence et les voisins lui apprirent qu'elle s'était dirigée du côté du hameau des Ablandiers, résidence de son oncle Froment.

Il courut, pris d'un soupçon, à l'endroit indiqué et constata par lui-même les relations criminelles de son oncle et de sa femme. Comprimant sa douleur, il retourna au village, emprunta un fusil à deux coups et retourna aux Ablandiers.

En le voyant, sa femme prit la fuite et se déroba à sa fureur; mais Froment, moins leste, avait eu à peine le temps de se relever qu'il était frappé à cinq mètres de distance et tombait foudroyé.

PAUVRE ENFANT

5 juillet.

Un individu ivre conduisait le long de la rue un petit enfant d'une dizaine d'années. L'homme traçait des zigzags à travers la chaussée et l'enfant, qui n'avait pas mangé de la journée, répétait constamment :

— Papa, donne-moi du pain !

L'ivrogne s'arrêtait, chancelant, adressait quelques paroles à l'enfant, puis reprenait sa route. Le petit, continuant à réclamer du pain, son père, furieux, le prit à la gorge et, sortant un couteau de sa poche, il lui en porta un violent coup sur la tête :

— Tiens, grogna-t-il, voilà qui t'en fera passer le goût.

L'enfant, effrayé, inclina la tête et la lame, glissant sur les cheveux, lui entra seulement dans la joue. Le père fut arrêté.

UN BON MARI !

7 juillet.

Il habitait Argentan. Il avait quatre enfants et il allait en avoir un cinquième ; mais il a préféré tuer sa femme de dix-sept coups de couteau dans la poitrine et dans la gorge.

Samson menait une vie déréglée et il vivait depuis longtemps dans la plus mauvaise intelligence avec sa femme.

―◇―

ÉCROULEMENT D'UNE CASERNE

9 juillet.

Quelques prestidigitateurs se font une spécialité des représentations dans les casernes. Le colonel accorde une autorisation ; on prête une salle, quelques bougies font les frais du luminaire ; une affiche manuscrite, exposée dans la cour de la caserne, prévient les amateurs, et pour 25 ou 30 centimes les soldats peuvent s'offrir le plaisir d'une soirée intéressante.

Mme Ordhomer était en représentation à la caserne de la Tour-Maubourg, annexe de l'hôpital des Invalides. Elle avait donné précédemment une soirée dans la caserne du 138e de ligne; la fête était cette fois pour le 47e. Cent cinquante soldats environ se pressaient dans la salle d'école, située au premier étage du bâtiment placé à droite de la grille d'entrée. La représentation allait finir, ordre avait été donné de terminer à dix heures, et il était dix heures moins un quart, lorsque, tout d'un coup, un craquement se fit entendre : une des planches qui supportait le plancher se rompit; la moitié du plancher avoisinant la porte s'effondra brusquement et prestidigitateurs et soldats tombèrent d'une hauteur de quatre mètres sur le sol du rez-de-chaussée.

On se figure la scène de confusion qui suivit. Une centaine d'hommes étaient pêle-mêle les uns sur les autres. Des soldats, qui étouffaient, appelaient au secours; les blessés criaient. Le clairon de garde, entendant le bruit, et voyant sortir par les fenêtres une épaisse poussière, crut à un incendie et sonna la générale; en un moment, toute la caserne fut sur pied.

Le sauvetage fut opéré, et l'on vit qu'on n'avait à compter que quatre soldats grièvement blessés. Les autres en étaient quittes pour de légères contusions.

ENTRE L'ARBRE ET L'ÉCORCE

12 juillet.

Chavigné, cordonnier, sait ce qu'il en coûte de ne pas observer cette maxime.

Voyant, dans la rue Croix-Nivert, un individu brutaliser sa femme, il voulut s'interposer et garantir la malheureuse contre les coups du brutal. Mal lui en prit, car Saligot (c'est ainsi que se nomme ce mari peu galant) venait de sortir son couteau de sa poche et en portait un coup à sa femme ; ce fut Chavigné qui le reçut au bras gauche.

Se reporter au *Médecin malgré lui*.

UN PRUSSIEN

13 juillet.

Le cocher Christ rentrait vers trois heures du matin chez son patron, M. Guindrat, avenue des Batignolles, 51, à Saint-Ouen. L'écurie lui semble avoir un aspect extraordinaire. Les chevaux étaient inquiets ; un chien de garde manquait. Christ savait que son patron était absent ; mais il s'étonna de n'entendre la voix ni de Mme Guindrat, une vive et énergique quinquagénaire, ni de Vaysard, un jeune palefrenier prussien, qui était depuis un mois dans la maison.

Il monta dans la chambre de Mme Guindrat et, en pénétrant dans la pièce, découvrit un affreux spectacle. Sa patronne était étendue sur le parquet, au milieu d'une mare de sang, le crâne fracassé. A ses côtés gisait une hachette rouge de sang, à laquelle adhéraient des touffes de cheveux. Christ courut prévenir le commissaire, qui conclut immédiatement que l'assassin était Vaysard, lequel a filé pour la Prusse avec l'argent. A cinq heures du matin, le mari rentra. Jugez de son désespoir.

LES MACHINES D'IMPRIMERIE

14 juillet.

Au moment où la machine était mise en mouvement à l'imprimerie Desbons, pour le tirage des journaux du soir, la courroie du volant s'est détachée. L'aide-chauffeur l'a remise en place; mais, ayant voulu descendre avant que le mécanisme ait été arrêté, il a glissé et a été saisi par le volant, enlevé et rejeté à terre.

Quand on l'a relevé, il était littéralement décapité et ses jambes étaient enlevées. La mort a été instantanée.

VOL ET ASSASSINAT

15 juillet.

Au n° 165 de la rue de Charonne, dans une modeste chambre, située au premier, demeurait depuis vingt ans Mme Bahu, rentière, âgée de quatre-vingt-trois ans.

Un individu de vingt-six ans, espérant profiter des bruits du dehors et de l'absence présumée des voisins, monta à six heures et demie du soir chez cette dame, sous prétexte de lui remettre une lettre d'un ami demandant une modique somme à emprunter. Mme Bahu avait à peine jeté un coup d'œil sur la lettre que le misérable, sortant de dessous son paletot un marteau, lui en appliqua un coup sur le derrière de la tête.

Mme Bahu tomba à terre, grièvement blessée, mais eut la force de crier : « Au secours ! » Une voisine, attirée par le bruit, ouvrit la porte et aperçut le malfaiteur qui tâchait d'achever sa victime en l'étranglant.

Mme Jean ferma la porte à double tour et se précipita dans l'escalier, en criant : « A l'assassin ! »

Le concierge courut prévenir les gardiens de la paix qui ouvrirent aussitôt et trouvèrent l'assassin blotti derrière le lit. Il fut immédiatement arrêté.

SAUVAGERIE DE PAYSANS

17 juillet.

M. Reigé avait été atteint d'insolation au camp de Châlons, alors qu'il était sous-lieutenant de dragons; il dut quitter le casque et passer aux chasseurs. Depuis cet accident, il était sujet pendant les chaleurs à quelques dérangements d'esprit qui le rendaient craintif, sauvage, mais non furieux.

Le malheureux officier était parti un lundi matin de Clermont-Ferrand; le soir, à sept heures, il arrivait près de Charnat sans chapeau, mouillé jusqu'au genou. Il rencontra à ce moment la nommée Louise Scotte à laquelle il demanda son chemin. Au lieu de lui répondre, celle-ci l'injuria et se sauva en criant : « Au secours ! » C'était l'heure de la rentrée des champs. Les paysans qui revenaient coururent sur M. Reigé et le menacèrent de leurs faucilles. Effrayé, celui-ci saisit un revolver, fait feu, prend la fuite et va se cacher dans un champ de fèves pour se soustraire aux poursuivants.

Sur ces entrefaites, les nommés Rougier et Garny, qui s'étaient rendus au village, revenaient avec leurs fusils. Suivis par une bande de forcenés, ils s'approchèrent du malheureux lieutenant. Reigé reçut d'abord un premier coup de feu qui l'atteignit aux jambes, puis un second dans l'abdomen ; il fit face à ses adversaires et déchargea quatre coups de son revolver.

Rougier lui tira un nouveau coup de fusil qui l'atteignit en pleine poitrine et le renversa sur le dos.

Alors se passa un fait véritablement monstrueux.

Le nommé Libert se trouvait là, une pioche sur l'épaule : « Va donc le finir, » lui crient les autres. Il y va, lève sa pioche, et d'un seul coup traverse la tête du blessé comme s'il eût fendu un tronc d'arbre.

Cet horrible dénouement fut l'épilogue de cette terrible scène de sauvagerie.

ENTRE SOUTENEURS

19 juillet.

Une rixe éclata au cabaret entre trois souteneurs. L'un d'eux, le Rouquin, fendit d'un coup de nerf de bœuf la lèvre supérieure de son adversaire, nommé

Himbert. Il fut aussitôt désarmé par Combonnac, le troisième de ces tristes personnages. Le Rouquin sortit furieux de l'établissement. Quelques instants après, une prostituée, Hélène X..., entra dans le débit de vin et pria Combonnac de venir sur le boulevard Rochechouart où quelqu'un l'attendait. Celui-ci la suivit sans défiance jusqu'au n° 61, où Rouquin, qui s'y trouvait déjà, se jeta sur lui et lui plongea son couteau dans la poitrine. Transporté dans une pharmacie, il y est bientôt mort.

UNE AVENTURE MYSTÉRIEUSE

22 juillet.

Un jeune étudiant se trouvant un peu tard au restaurant du théâtre Bellecour, à Lyon, avait engagé la conversation avec un individu qui s'était mis à sa table. Après avoir soupé, il avait payé avec un billet de 100 francs. Il se disposait à partir, lorsque son voisin de table lui proposa de l'accompagner. Le jeune étudiant hésitait. Pour intimider son interlocuteur, il lui montrait un casse-tête américain dont il était armé. L'inconnu répondit : « Oh! moi, j'ai mieux que ça, » et il tirait de sa poche un revolver.

L'étudiant racontait ce fait le lendemain à des amis en ajoutant qu'il avait eu presque peur.

Le soir même, il disparaissait et l'on retrouvait, plusieurs jours après, à Irigny son corps noyé et percé de coups de couteau.

UN FILS DE FAMILLE TURC

23 juillet.

Un jeune Turc de 30 ans était venu s'amuser à Paris et, n'ayant pas d'argent, il s'amusait avec celui des autres.

Ayant fait la rencontre d'une ouvrière assez jolie qui possédait quelque argent et des valeurs, il sut s'en faire aimer en lui disant qu'il était d'une noble famille de Constantinople et en lui promettant le mariage. Après quelques mois de vie en commun, il disparut en emportant la petite fortune de sa maîtresse.

L'enquête a pu reconnaître qu'il appartenait réellement à une bonne famille de Constantinople.

NOS BONS PAYSANS

26 juillet.

Un fermier, nommé Camus ayant été victime d'un vol de 300 francs, soupçonnait fortement du méfait une femme D..., depuis peu de jours à son service. Celle-ci accusa, de son côté, un jeune enfant de dix ans. Le malheureux petit fut saisi par le beau-père de la femme D... et quelques autres paysans, attaché par les bras et suspendu au-dessus d'un puits, où on le menaça de le précipiter s'il n'avouait pas avoir commis le vol.

Mais les menaces ne produisaient aucun effet sur l'enfant qui protestait toujours de son innocence. Les bourreaux le traînèrent alors auprès d'un arbre autour duquel il fut lié, les pieds reposant sur des cailloux tranchants, les jambes et le corps enveloppé d'orties. L'enfant se plaignait et gémissait, mais niait toujours. Il essuya alors deux coups de pistolet et il aurait été certainement tué par ces misérables sans l'intervention d'un voisin.

Pendant ce temps, on cherchait le portefeuille et la femme D... elle-même le retrouvait.

UN BIGAME PAR DISCRÉTION

27 juillet.

Un ouvrier peintre, Louis T..., âgé de 40 ans, se marie un samedi à la mairie avec une jeune veuve, la dame K... Le mariage accompli, un ami du beau-père vint lui apprendre que son nouveau gendre était déjà marié. Le beau-père manifestant son incrédulité, il l'emmena chez l'épouse délaissée où il put se convaincre du fait.

Le bigame fut arrêté. Il avoua sa culpabilité et déclara qu'il était marié depuis quatre ans, qu'il vivait dans les meilleurs termes avec sa première épouse, chez laquelle il s'était rendu après son second mariage civil, mais que, ayant promis à X... d'épouser sa fille, il n'avait pas cru pouvoir se dédire de sa parole.

AOUT

AOUT

VOL ET SACRILÈGE

1er août.

On avait enterré la femme de M. Métivier, avoué, juge suppléant, le vendredi. Mme Métivier était morte presque subitement dans un hôtel de la ville du Blanc, sans avoir pu regagner sa demeure.

Le lendemain, les fossoyeurs, allant préparer une fosse dans le cimetière, furent surpris de voir une tombe ouverte. Ils s'en approchèrent et virent avec terreur la tête d'une femme sortant de son cercueil. C'était celle de Mme Métivier.

Des voleurs s'étaient introduits dans le cimetière, avaient brisé la bière, et s'étaient emparé des bijoux de la morte.

LES CHIENS SE DÉFENDENT

3 août.

M. D..., marchand de vin, avenue de la Grande-Armée, possède deux énormes chiens qui gardent sa boutique. Vers dix heures, un matin, il les promenait sur l'avenue, lorsque l'un d'eux, excité par un gamin qui passait, s'élança sur lui.

Avant que M. D... pût intervenir, le molosse avait saisi le bras du gavroche et l'avait si cruellement mordu, que les chairs se détachaient des deux côtés de l'os.

UTILITÉ DES JOURNAUX

3 août.

Le directeur d'une maison de banque d'Alsace-Lorraine reçoit, parmi son courrier, une lettre chargée venant de Schlestadt ; il l'ouvre et ne trouve à la place des billets de banque que les coupures d'un journal parisien.

On lut attentivement ces fragments et, grâce à une nouvelle à la main, on reconnut la feuille.

L'administration des postes, prévenue immédiatement, commença habilement une enquête. On télégraphia au journal et on demanda si M. X..., l'expéditeur de la lettre, était un abonné. La réponse fut affirmative.

On apprit bientôt que le jeune employé qui avait remis le pli chargé au bureau de Schlestadt était parti subitement en congé. Le filou avait déclaré à son patron qu'il allait chez ses parents ; mais il ne voulait que gagner du temps. Il a été arrêté à Schirmak.

LE CONCIERGE BIGAME

4 août.

Il y a trois mois, un jeune homme de vingt-neuf ans, Eustache Bottard, menuisier, était entré comme concierge dans une maison. Marié, mais séparé de sa femme, il s'était mis en ménage avec une jeune fille de vingt et un ans, nommé Berthe Vollant.

Celle-ci ignorait que son amant fût marié ; des voisins l'en avertirent. Elle fut fort affligée et résolut de rompre cette union irrégulière.

Bottard la supplia de ne pas le quitter, et, comme elle persistait, il envoya à son père, qui habite Châteauroux, une dépêche ainsi conçue : « Arrive de suite si tu veux me voir en vie. » Le pauvre homme, qui est âgé de soixante-onze ans, accourut, et par ses larmes, ses prières, obtint de son fils la promesse de ne pas se tuer.

A peine fut-il parti qu'une scène eut lieu entre Bottard et sa maîtresse. Celle-ci déclara que trompée, mise dans une situation coupable et ridicule, elle ne différait pas plus longtemps son départ. A cinq heures et demie du matin, en effet, elle se leva et se disposa à quitter la loge.

— Je t'en supplie, reste, s'écria Bottard.
— Jamais.

A ces mots, le jeune homme, sautant à son tour au bas du lit, saisit un revolver et le déchargea sur sa maîtresse. Elle tomba atteinte à la nuque. Appuyant alors le canon sur sa tempe, Bottard pressa la détente et roula à terre à côté d'elle.

CHEZ UNE BELLE PETITE

6 août.

Mlle de L... est une de nos plus élégantes demi-mondaines et son appartement de la Chaussée-d'Antin est cité pour sa richesse et sa coquetterie. Pourtant la baronne, car elle se dit baronne, ne l'habite que fort peu : trois ou quatre mois par an. Le reste du temps, elle voyage. C'est surtout en Italie qu'elle aime à errer.

Il y a un an, elle était à Milan. Le marquis de ***, l'un des plus grands noms de l'Italie, se trouvait dans le même hôtel qu'elle. Les deux voyageurs se rencontrèrent. Une sympathie s'établit entre eux. Bref, tout le temps que la baronne resta à Milan, le marquis lui servit de sigisbée.

La baronne un jour quitta Milan sans dire adieu à son ami. Il fut d'abord inconsolable, puis il se résigna. Mais il pensait toujours à elle et grande fut sa joie quand, il y a deux mois, il la rencontra à Paris, où il était venu dans l'espoir de la retrouver. La liaison reprit. Le marquis avait ses grandes et petites entrées à l'appartement de la Chaussée-d'Antin. Il parlait même vaguement de mariage.

Un matin il arriva. Son amie, qui était sortie de bonne heure, rentrait en grande toilette. Elle se débarrassa au plus vite de ses bijoux qu'elle déposa sur une table et demanda au marquis la permission de manger quelque chose ; la marche lui avait donné grand appétit.

Fou que je suis, s'écria le gentilhomme en se frappant le front, je voulais justement vous apporter des gâteaux exquis. Attendez-moi une minute et je reviens !...

Il prit son chapeau, sa canne et s'élança... Quelques minutes s'écoulèrent, puis un quart d'heure, puis une heure. La baronne s'aperçut alors que, dans sa précipitation, le marquis avait pris le collier, les pendants d'oreille et les bracelets.

Le marquis n'a jamais reparu.

―◇―

A LA SUITE D'UN PROCÈS

6 août.

Un maréchal ferrant nommé Minuscus, demeurant rue d'Alésia, n'ouvrit pas sa boutique un matin à l'heure habituelle. Son fils pénétra dans sa chambre, et voici ce qu'il vit.

Le maréchal ferrant, couché sur son lit, s'était ouvert les veines, après s'être attaché fortement les poignets avec une corde, afin de faire saillir davantage les veines.

Le lit n'était qu'une masse rouge et le sang coulait à flots dans la chambre. Minuscus avait perdu environ vingt litres de sang. La résolution du suicide avait été prise par suite de la perte d'un procès.

―◇―

ACCUSATION MENSONGÈRE

9 août.

Dans l'avenue de Saxe, à Lyon, un voleur, surpris par le propriétaire, tandis qu'il pillait l'appartement, crut trouver un moyen de se sauver en disant qu'il était l'amant de la femme qui habitait l'appartement.

Le propriétaire, furieux de l'impudence de ce coquin, tira de sa poche un revolver et lui brûla la cervelle.

―◇―

UN BIGAME AUDACIEUX

10 août.

Rabier abandonnait sa femme, il y a quelques mois, et venait habiter à Roubaix avec une concubine qu'il rendit mère.

A la naissance de l'enfant, le père alla à la mairie avec son acte de mariage, et fit inscrire le nouveau-né comme s'il provenait de l'union légitime.

La concubine de Rabier, qui s'extasia devant des témoins indiscrets de l'habileté de son amant, a tout fait découvrir.

LES JEUX DE BOURSE

10 août.

Au numéro 12 du boulevard des Capucines, dans l'immeuble même du Grand-Hôtel, était une importante boutique de changeur.

Cette boutique était tenue par un grand et beau garçon à barbe blonde, nommé Octave Daniel, qui y faisait ou semblait y faire d'assez importantes affaires.

Un matin, en arrivant à son bureau, il dit à son garçon qui était en train d'ouvrir le magasin :

— Antoine, voici une lettre qu'il faut me porter tout de suite.

Le garçon prit sa casquette et sortit. Quand il revint, il fut surpris de retrouver fermé le volet qu'il avait commencé à ouvrir et surtout de lire sur une bande de papier collée à l'extérieur ces mots où il reconnut l'écriture de son patron :

FERMÉ POUR CAUSE DE DÉCÈS.

Antoine crut d'abord à une plaisanterie. Puis il réfléchit que M. Daniel avait peut-être reçu, dans la matinée, l'annonce de la mort de quelque parent.

Il entra, monta le petit escalier qui communique avec l'entresol et recula d'épouvante. A ses pieds, le changeur gisait, la tête fracassée et couverte de sang. Il s'était tiré un coup de revolver dans la bouche. Il l'avait tiré debout et était tombé sur un paquet de journaux placé près de la cloison.

Antoine essaya de lui porter secours, mais le cœur ne battait plus. La mort avait été presque instantanée. Le malheureux n'avait même pas dû souffrir, car les mains étaient ouvertes, sans aucune crispation, et le revolver était tombé à côté du lit.

Daniel avait trente-sept ans. Il avait une sœur qui, sous le nom de Daniele, a chanté à l'Opéra-Comique, à Bruxelles, et s'est mariée avec un avocat belge.

Il était marié, mais séparé de sa femme ; il vivait avec une femme qu'il avait connue à Bruxelles, où elle était amie intime de la fameuse Lolo, la maîtresse de T'Kindt. Malgré cette séparation, Mme Daniel adorait son mari, et, quand elle apprit la fatale nouvelle, elle a couru en pleurant près du cadavre qu'elle n'a plus voulu quitter.

Il faut attribuer ce suicide à des pertes à la Bourse.

BRASSERIE DE FEMMES

12 août.

Dans une brasserie de la rue de Buci, servie par des femmes, l'une d'elles nommée Jeanne Demay, et âgée de vingt-six ans, se trouva un soir dans un état d'ivresse complet et, excitée par les plaisanteries de quelques clients, elle se mit en devoir de se déshabiller en plein café.

Le propriétaire, M. L..., envoya chercher les gardiens de la paix et Jeanne fut conduite au violon.

Là elle entra en fureur et frappa à coups redoublés contre la porte, si bien que le brigadier fut obligé de lui retirer ses bottines.

Elle se mit alors à chanter. Mais au bout de quelques instants on ne l'entendit plus. On ouvrit alors la porte et on la trouva pendue à la lucarne avec les cordons de son corset.

Elle respirait encore heureusement, et on put sauver cette jeune *ivrognesse*.

—◇—

LA VIE GALANTE

13 août.

Geneviève, non pas celle qui a sauvé Paris, habitait 28, passage Laferrière. Elle passait ses soirées au coin de la rue Notre-Dame-de-Lorette, jusqu'à une heure très avancée de la nuit.

Or, une nuit, on entendit des cris : « Au secours ! » partant de la chambre de Geneviève. On accourut, et on trouva la malheureuse fille, demi-nue, les cheveux épars, la figure violacée et le cou couvert de sang.

Elle raconta qu'elle avait amené chez elle un « monsieur très bien mis, » qui avait consenti à passer la nuit avec elle. Mais à peine entré, il s'était précipité sur elle et l'avait empoignée par le cou, cherchant à l'étrangler. Elle se débattit ; mais, suffoquée par une pression de plus en plus violente, elle perdit connaissance. Alors l'agresseur s'occupa de la dévaliser. Il ne trouva dans un tiroir qu'une somme de 25 francs ; puis, furieux du peu de réussite de ses recherches, il retourna vers le lit où gisait sans mouvement sa victime et lui enleva si vivement ses pendants qu'il arracha le lobe de l'oreille et partit sans être remarqué.

Deux heures après seulement, Geneviève revenait de son évanouissement, appelait à son secours et racontait ce qui s'était passé.

—◇—

LES OUVRIERS

16 août.

La maison sise au n° 108 du quai Jemmapes est une sorte de grande cité où logent de nombreux ménages d'ouvriers.

Un de ces ménages, irrégulier d'ailleurs, était composé du nommé Picard, ouvrier cordonnier en chambre, âgé de cinquante-huit ans, et de Joséphine Behut, âgée de trente-cinq ans, sa maîtresse.

La paix était loin de régner dans cet intérieur, car les deux amants étaient adonnés à la boisson, et de violentes querelles surgissaient toujours entre eux à la suite d'excès faits en commun.

Depuis quatre ans que ces incommodes locataires demeuraient dans la maison, leurs démêlés bruyants étaient si fréquents que l'on n'y faisait plus guère attention. Ils étaient d'ailleurs invariablement terminés par une réconciliation attendrie d'ivrognes.

Un soir, le bruit se répandit que le père Picard était sorti précipitamment du logement qu'il occupait au deuxième étage, dans la cour à droite, et qu'il avait toutes les allures d'un homme qui vient de faire un mauvais coup.

Aucun bruit ne se faisant entendre dans le logement qu'il venait de quitter et la femme Béhut ne se montrant pas, le concierge finit par concevoir des soupçons et, au bout de quelques heures, on se décida à enfoncer la porte.

Un spectacle épouvantable s'offrit alors aux yeux des voisins : la femme Béhut gisait morte, au milieu de la première pièce, dans une mare de sang ; sa tête n'était qu'une plaie et plusieurs blessures zébraient sa poitrine à moitié découverte.

Un marteau maculé de sang et un couteau de cuisine étaient restés auprès du cadavre. La victime n'avait pas dû résister longtemps, car il n'y avait nulle trace de lutte.

La justice se mit aussitôt en quête de l'assassin. On le retrouva dans le canal, près de la rue Grange-aux-Belles. L'assassin s'était fait justice.

UN VIEIL OBUS

17 août.

Une épouvantable détonation mettait, un soir, en émoi le numéro 35 de la rue des Deux-Ponts.

On courut au logement du sieur Geyer, maçon, d'où provenait l'explosion, et l'on trouva Mme Geyer évanouie et couverte de sang et de plâtras.

Voici ce qui était arrivé. En emménageant, Geyer avait trouvé dans son logement un obus laissé par un précédent locataire. Il avait eu l'idée bizarre de faire un trou dans la cheminée et de l'y placer. Puis il avait recrépi par-dessus.

Mme Geyer avait ensuite allumé un peu de feu pour noircir la place... Échauffé, l'obus avait fait explosion.

LE VOL A L'AMITIÉ

18 août.

Un individu se présenta un soir chez le prince de R..., rue Cambon, prétendant avoir beaucoup connu le père du prince lorsqu'il demeurait en Angleterre, et ajoutait même qu'il lui avait rendu de grands services. Ses dires furent si précis que le prince de R... le crut sur parole.

Il l'admit dans son intimité, l'invita plusieurs fois à déjeuner, le présenta dans son cercle et à plusieurs de ses amis, chez lesquels il fut reçu à bras ouverts.

Souvent l'ami demandait de l'argent au prince, qui lui prêtait certaines sommes.

Un soir, cet individu arriva affairé chez M. de R..., lui déclarant qu'il venait de faire quelques achats importants, mais qu'il n'avait pas assez d'argent pour payer ; il attendait, disait-il, un chèque d'Angleterre et priait le prince de lui remettre 15,000 fr. jusqu'au lendemain.

M. de R... remit cette somme sans hésitation ; mais, le lendemain et le surlendemain, ne voyant pas venir son débiteur, il se rendit à l'hôtel où l'autre lui avait dit demeurer et apprit qu'il y était inconnu.

Il n'a plus entendu reparler de son ami.

UNE VENGEANCE

20 août.

Une dame Tupenot, sage-femme, demeurant rue Nationale, rentrait à son domicile, à trois heures de l'après-midi, lorsqu'une jeune fille, accompagnée de sa mère, s'approcha d'elle et lui lança au visage un flacon d'acide sulfurique.

La sage-femme atteinte au côté droit de la figure, à un œil et à l'épaule, tomba sur la chaussée, en poussant des cris épouvantables.

Des passants s'attroupèrent autour d'elle; elle indiqua du doigt les deux femmes qui s'enfuyaient... On courut : la mère fut arrêtée. C'est une femme Laurent ; sa fille, Félicité, âgée de vingt-deux ans, est bâtisseuse de bottines et demeure avec elle. On l'arrêta quelques instants après.

Elles ont déclaré au commissaire de police qu'elles en voulaient depuis longtemps à Mme Tupenot parce qu'elle avait fait mourir la sœur aînée de Félicité Laurent. Cette jeune fille est morte en couches : c'est Mme Tupenot qui l'avait soignée.

DANS UN CIRQUE

25 août.

Sur la place de la fête, à Levallois-Perret, était établie la tente du grand cirque de la famille Lambert. Ce cirque, l'an dernier, fut détruit par le feu, pendant la fête, dans la plaine Saint-Denis.

Pendant la représentation du 24 août, une lampe à essence s'enflamma et communiqua le feu à la toile; en une seconde, l'incendie fut éteint : malheureusement, il fit une victime.

M. Lambert père, se souvenant de l'incendie qui le ruina et entendant les clameurs de la foule et les cris : « Au feu ! », devint aussitôt d'une pâleur mortelle; il courut en tremblant à l'estrade, puis s'affaissa.

Le coup était porté : M. Lambert expira quelques minutes après.

APRÈS LE BAL

26 août.

Elles s'étaient bien amusées, les nommées Eugénie B..., blanchisseuse, et Marie E..., couturière, au bal du Grand-Turc...

En chemin, elles firent la connaissance de deux jeunes messieurs auxquels elles permirent de les accompagner jusque chez elles.

Il était minuit et demi. En passant rue de la Goutte-d'Or, les aimables gredins se jetèrent sur les deux jeunes femmes, les terrassèrent et leur enlevèrent fichus, cravates, boucles d'oreilles, porte-monnaie, jusqu'aux clefs de leurs chambres, puis disparurent, laissant les deux malheureuses évanouies et dévalisées.

A QUI LE RATELIER?

27 août.

— Oui, madame, oui, nous irons chez le commissaire.

— Je vous y précède, monsieur.

Chez le commissaire, on s'expliqua. La dame montrait trente-deux belles dents que le monsieur blond prétendait lui appartenir, attendu qu'elles n'étaient pas encore payées.

Le dentiste avait reconnu son bien en passant, tandis que l'insouciante cliente souriait agréablement de sa voiture à un tiers arrêté. Le dentiste n'avait fait ni une ni deux. Sautant à la tête du cheval, il avait réclamé ses dents ou de l'argent, au risque d'être mordu par son propre râtelier.

SEPTEMBRE

SEPTEMBRE

UN NOUVEL ORSINI

1er septembre.

Le lundi 29 août, à quatre heures du soir, un homme âgé de quarante-huit à cinquante ans, entrait à l'auberge du Rendez-Vous-des-Bouchers, rue Saint-Pierre, n° 2, à Lille, et demandait une chambre pour quelques jours. Le voyageur parlait français avec un accent flamand très prononcé; il inscrivit sur le livre de police les renseignements suivants : « Desbois, quarante-neuf ans, voyageur de commerce, né à Dunkerque. »

Mme Desmidt, propriétaire de l'établissement, lui demanda une somme de 5 francs d'avance.

Le voyageur fit monter dans la chambre qui lui avait été désignée une petite malle, et, après y avoir passé une heure environ, sortit pour ne rentrer que le soir.

Pendant les quatre jours qui suivirent, la conduite de l'inconnu ne donna lieu à aucune remarque particulière ; ses allées et venues, pendant lesquelles on lui voyait fréquemment entre les mains de petites boîtes de différentes dimensions, étaient celles de tout commis voyageur en quête de *commissions*, et parcourant la ville pour les obtenir.

Le samedi suivant, à sept heures et demie, le prétendu Desbois annonça à la femme Desmidt qu'il partait pour Armentières, et il remit au cocher Lefebvre, conduisant la voiture n° 20, qui, retenu dès la veille, stationnait depuis un quart d'heure devant la porte, un certain nombre de boîtes. Il le chargea de porter à plusieurs adresses ces boîtes qu'il avait préalablement transportées de la chambre qu'il occupait dans la salle de l'estaminet, et il lui recommanda de les transporter à l'adresse fixée sur chacune d'elles...

— Venez me retrouver à huit heures et demie au Grand-Hôtel de Lille, rue de la Gare, dit-il comme dernière recommandation au cocher, puis il disparut.

Peu après, à peu d'intervalle, deux formidables détonations se faisaient entendre dans les environs de la rue des Postes.

Le cocher avait commencé son itinéraire par la rue de Flandre, 7, et il s'était arrêté chez M. Charles Trachet, agent d'affaires. C'est la servante qui reçut la caisse. Elle prévint son maître, qui se trouvait dans la maison avec son fils Fernand, âgé de treize ans, et son frère, M. Désiré Trachet, âgé de quarante ans. Comme celui-ci est un ancien menuisier, il se mit à ouvrir la boîte entouré de son frère, de son neveu et de la servante.

Il avait à peine touché le fil de fer qu'une détonation se fit entendre. M. Désiré Trachet fut renversé. Il avait la mâchoire et le nez enlevés, et le corps couvert de blessures.

Son fils avait plusieurs doigts enlevés et des contusions. Les blessures de la bonne et de M. Trachet n'étaient pas graves.

En même temps, toutes les vitres volaient en éclats, et les débris de la bombe qui venait de faire explosion traversaient le plafond, brisant tout sur leur passage. Un de ces éclats, pesant plus d'un kilogramme, alla à plus de 300 mètres pulvériser une vitre d'une fenêtre du premier étage du cabaret Martin, situé à l'angle de la rue des Postes.

Au même instant, une seconde et formidable détonation mettait en émoi tout le quartier de la rue des Postes. Le cocher avait continué son itinéraire et déposé une autre caisse chez M. Delneste, maître menuisier, rue des Postes, 11.

Mme Delneste la reçut et la porta dans sa cuisine.

Son mari était absent. Son fils et sa fille arrivèrent. Son fils, qui est menuisier, se mit en mesure d'ouvrir la boîte en présence de sa mère et de sa sœur, sur le sol de la cuisine.

Aussitôt, comme dans la rue de Flandre, l'explosion se produisit. Les trois personnes pouvaient être tuées sur le coup; mais, par un bonheur presque inexplicable, elles en furent quittes pour de légères coupures. Mme Delneste avait été atteinte au menton; sa fille avait cinq ou six coupures à la figure; M. Delneste avait reçu un éclat qui a ployé les sous contenus dans son porte-monnaie. Ces deux détonations avaient répandu l'épouvante dans le quartier. La police avait été prévenue. Les agents couraient dans toutes les directions.

Il était un peu plus de huit heures. Les voisins purent donner quelques indications. On avait vu le cocher quitter la rue des Postes, se dirigeant vers la rue de Solferino.

Le chef du service de la sûreté, accompagné d'un sergent de ville et d'un boulanger qui l'avait renseigné, aperçut une voiture en station rue d'Inkermann, 35 et 37, chez M. Brice, marchand de fer. Le signalement du cocher et de la voiture répondait bien à celui qu'on avait donné au chef de la sûreté.

La bonne venait de recevoir une caisse semblable aux deux autres. La caisse, déposée dans la cuisine, fut aussitôt saisie, et le cocher conduit au commissariat du Ve arrondissement.

Trois boîtes restaient encore dans la voiture. Elles étaient destinées, l'une à M. Graux, teinturier à Canteleu ; l'autre à M. Messian, rue d'Austerlitz, 24, et la troisième à M. Pautensy, rue d'Arcole, 71. Ces terribles engins sont des boulets creux, pesant environ 5 kilogrammes, d'une épaisseur de 5 centimètres. Le vide était rempli de poudre ordinaire. On évalue la quantité à 500 grammes.

Dès le premier moment, dans le quartier des rues de Flandre et des Postes, la rumeur publique prononçait le nom de Wouters, un homme qui avait laissé l'an dernier, à Lille, les plus tristes souvenirs. Quelques jours avant, M. Messian, rue d'Austerlitz, recevait une lettre anonyme dans laquelle on le prévenait qu'il recevrait bientôt une boîte à poudre. M. Messian n'attacha aucune importance à cette menace. Indépendamment de cette lettre, M. Messian avait reçu une carte postale ainsi conçue :

« Je viendrai (*sic*) demain matin pour vous expliquer l'ouvrage. » Duyck. »

L'écriture, différente de celle de la lettre, était semblable à celle des adresses apposées sur les boîtes.

On découvrait aussi des lettres révélatrices adressées par le même individu à la dame P...

Un habitant de Lille, nommé Vermesch, ayant entendu parler de ces crimes, s'empressa d'aller déclarer à la police que, se trouvant dans la rue Royale, un individu, qu'il connaît depuis longtemps, et qui ne serait autre que Wouters, l'avait prié de vouloir bien lui écrire six adresses sur des boîtes, il l'accompagna à l'estaminet du Rendez-Vous-des-Bouchers, place du Concert, où les adresses furent écrites.

On rapportait aussi, rue de Flandre, près de la maison de MM. Trachet, qu'en sortant d'une réunion de ses créanciers, Wouters aurait dit qu'il ferait sauter le caisson (*sic*) à six d'entre eux, qui avaient le plus contribué à sa chute.

Ce Wouters avait été d'abord associé à son frère Gustave; mais celui-ci dut bientôt rompre l'association et s'en retourner à Anvers. Wouters avait deux enfants. Il vivait depuis longtemps séparé de sa femme.

L'année précédente, la maison de Wouters brûlait. On prétendit que lui-même avait mis le feu. Néanmoins, comme ce crime n'était pas établi, la Compagnie d'assurances paya les dégâts, ce qui n'empêcha pas Wouters d'être bientôt mis en faillite. Alors il jugea prudent de passer la frontière, car il paraît que sa banqueroute était frauduleuse et que, par conséquent, il devenait une fois de plus passible de la cour d'assises; mais il partit avec la ferme résolution de tirer vengeance de certains créanciers.

M. Trachet, agent d'affaires, avait fait vendre le mobilier de Wouters, sur la demande du propriétaire de celui-ci. M. Messian l'avait remplacé comme serrurier, quelque temps avant sa mise en faillite. Mme veuve Brice, dont Wouters était le débiteur, avait fait arrêt sur une somme de 2,000 francs à lui accordée par la Compagnie d'assurances, après l'incendie. M. Delneste était également créancier de Wouters. M. Graux, teinturier à Canteleu, lui avait retiré sa clientèle.

Wouters ne quitta pas Lille aussitôt après les attentats. La nuit suivante, vers minuit, il allait frapper aux volets de la femme Potancier, sachant sans doute que son mari était allé vendre du pain d'épice à Le Forest. La femme refusa d'ouvrir. Elle avait même assuré la porte de sa maison et ses volets mieux que d'habitude, ayant peut-être le pressentiment de la venue de Wouters. Le lendemain, dimanche, elle alla rejoindre son mari à Le Forest.

Que devint Wouters pendant ce temps? Il se dirigea vers cette commune, après avoir rôdé et couché plusieurs nuits dans les bois voisins. Le mardi, le maire de la commune le vit cherchant à rentrer chez M. Dumarcq, aubergiste, où était logée Mme Potancier; mais on lui refusa l'hospitalité.

La fête étant terminée, Potancier, qui s'était rendu à Le Forest, accompagné de son petit garçon âgé de treize ans, partit avec son enfant pour Lille, dans sa petite voiture.

Une heure plus tard, la femme Potancier qui, ayant à régler quelques affaires, n'avait pu partir avec son mari, prit la route de la gare, portant sa lourde sacoche, qui contenait plus de 300 francs en monnaie de billon. Elle sortait de l'auberge Dumarcq. Wouters se tenait dans le cabaret Porez-Renard, dans la rue qui conduit à la gare. Wouters la guetta. Quand il l'aperçut, il sortit et la suivit, gagnant toujours un peu de terrain et se cachant la figure pour ne pas être reconnu. Arrivé en face de la cité des mines de l'Escarpelles, il l'aborda et s'écria :

— Je n'ai pu te trouver à Lille, mais ici je ne te manquerai pas.

Et, au même instant, une détonation se fit entendre. La pauvre femme fut atteinte à la joue. Elle prit la fuite en poussant des cris affreux, puis s'affaissa. Elle était couverte de sang.

Tout le monde accourut. On donna des soins à la blessée, pendant que des mineurs des mines de l'Escarpelles se mettaient à la poursuite de l'assassin. Ils allaient l'atteindre, quand Wouters, posant le canon de son revolver sur la tempe droite, lâcha deux fois la détente. Il tomba mourant, sans avoir pu assouvir sa vengeance.

On s'approcha du cadavre du meurtrier, et l'on reconnut Wouters, qui avait fait couper sa barbe, mais son signalement était connu de tous.

Deux minutes après son arrivée, la femme Potancier exigea qu'on la transportât près de Wouters expirant sur le chemin, afin d'être certaine qu'il était le meurtrier. « C'est bien lui! » s'écria-t-elle.

Après les constatations faites par M. Vallin, maire, le cadavre fut jeté sur une charrette de passage et transporté dans un hangar attenant à la mairie et au cimetière.

DANS UN LAVOIR

5 septembre.

Le gérant du lavoir de Plaisance, 24, rue de Schomer, fut un soir congédié. Cet individu, nommé Alexandre Larue, avait pour maîtresse une nommée Mathilde Bordeaux, âgée de trente-cinq ans, attachée, comme lui, au service du lavoir. Celle-ci n'ayant pas voulu quitter sa place, il se figura qu'il avait été mis à la porte sur ses instances, qu'elle était fatiguée de leurs relations, et il résolut de se venger.

Il se présenta au lavoir, où Mathilde Bordeaux·le reçut. Il lui reprocha son oubli, lui rappela leur amour et le peu de cas qu'elle en faisait; mais elle ne voulut rien entendre et le pria de sortir. Larue, qui maîtrisait sa colère, lui donna alors libre cours, accablant sa maîtresse d'injures; puis, sortant un revolver de sa poche, il lui en tira trois coups à bout portant.

Deux des balles se perdirent dans le lavoir, mais la troisième atteignit Mathilde à la tempe. Elle s'affaissa sur le parquet : on la ramassa évanouie.

UN PÈRE DÉNATURE

7 septembre.

Sotteville-lès-Rouen a été le théâtre d'un crime horrible. Un bébé de quatre mois a été trouvé étouffé dans le lit de ses parents, les époux Bigot, demeurant rue du Moulin-à-Vent.

Le mari, chauffeur au chemin de fer de l'Ouest, d'un caractère violent et emporté, avait l'habitude de battre ses enfants et sa femme. En l'absence de cette dernière, Bigot, ne pouvant apaiser les cris de son enfant, le frappa brutalement à la tête et le rejeta ensuite sur son lit en le couvrant d'un oreiller. Il partit pour son travail; quelque temps après, le pauvre petit mourait étouffé.

A trois heures et demie, la mère le trouva froid et sans vie. Un de ses enfants, le jeune Georges, qu'elle questionna, lui apprit ce qui s'était passé et comment son père avait brutalisé le petit Gaston. Entrevoyant les conséquences que pouvait avoir cette mort pour son mari, la pauvre femme dit à son fils d'aller chez le commissaire de police pour le prévenir que son petit frère était mort étouffé dans son lit. L'enquête du commissaire a rétabli la vérité.

―◇―

LES FILLES

10 septembre.

Un soir, vers huit heures, à Lille, le nommé Jules Guislain, cocher de place, entrait avec un de ses camarades au café Jean-Bart, 10, Grande-Place, annonçant l'intention d'aller passer la soirée dans un des cirques de la foire. Vers onze heures, il s'attablait à l'estaminet de la Déesse, également situé sur la Grande-Place, et perdait tout son argent. Bientôt après, il sortait du café, courait rue d'Antoing, chez la fille Flore Lefebvre, sa maîtresse, et lui demandait 75 centimes pour régler sa dépense à l'estaminet.

Flore Lefebvre lui remit un franc et l'accompagna jusqu'à la Grande-Place ; il la quitta, retourna à la Déesse, et se remit à jouer et à boire jusqu'à minuit quarante-cinq. Il était à moitié ivre lorsqu'il en sortit ; il se dirigea alors vers le domicile de sa maîtresse, et lui fit, dès son arrivée, de vifs reproches d'avoir eu des relations avec un autre cocher, le nommé Gustave.

Que se passa-t-il alors ? On ne sait, mais bientôt la maison tout entière fut sur pied aux cris de Flore : « Au secours ! au secours ! » Les filles Emma Dugauquier et Marie Gaëz, logeant à l'étage inférieur, pénétrèrent dans la chambre. Un spectacle sinistre les y attendait : Guislain se tordait à terre dans les convulsions de l'agonie. Elles le relevèrent, aidées de Flore, et le mirent sur le lit, mais il expira aussitôt sans avoir pu prononcer une parole.

M. Guilluy, commissaire de police du 3ᵉ arrondissement, immédiatement avisé, arriva accompagné des docteurs Ortille et Honnart et procéda à l'arrestation de Flore, tandis que ces messieurs examinaient l'état du cadavre.

Flore Lefebvre, conduite au poste du 3ᵉ arrondissement, y subit un premier interrogatoire ; elle nia énergiquement avoir frappé son amant, et prétendit qu'il s'était frappé lui-même dans un accès de fureur provoqué par la jalousie.

Après avoir été interrogée au commissariat par M. le juge d'instruction, la fille Lefebvre fut amenée devant le cadavre, sur lequel elle jura ne point l'avoir touché : « Je l'aimais tant, ajouta-t-elle, que, si je l'avais tué, je me serais suicidée ensuite. »

Après le départ de M. le juge d'instruction et du procureur de la République, la fille Flore Lefebvre a été renvoyée de nouveau au commissariat, où elle a subi un nouvel interrogatoire. Après avoir persisté quelque temps dans son système de dénégation absolue, elle finit par avouer son crime et fit le récit suivant :

Son amant était rentré ivre ; il lui reprocha, comme nous l'avons dit plus haut, ses relations avec un autre et lui fit une scène de jalousie. « Du reste, ajoutait-il, tu es une canaille. »

Sans lui répondre, elle l'invita à manger le souper qu'elle lui avait préparé comme tous les soirs.

A ce moment et sans que rien pût faire prévoir cette agression, Guislain se leva, prit un couteau et l'en menaça ; c'est alors que, pour se défendre, elle aurait pris un couteau de cuisine, et, dans un mouvement de colère, lui en aurait porté un coup dans la poitrine.

LES DEUX LIEUTENANTS

12 septembre.

A la suite d'une discussion insignifiante sur une question concernant le service militaire, des paroles très vives furent échangées entre MM. Zigang et Suprin, lieutenants au 113e de ligne. Un démenti ayant été donné à plusieurs reprises par M. Zigang à M. Suprin, celui-ci quitta sa place et souffleta violemment son contradicteur. Une rencontre était devenue inévitable.

M. Zigang étant, d'après les règles admises en matière de duel, considéré comme insulté et ayant par suite le choix des armes, a formellement exigé, malgré l'opposition faite par les témoins, que le duel eût lieu au pistolet ou au revolver.

La rencontre eut lieu sur le terrain des Saules, situé entre le Sanitas et la Loire. L'arme choisie était le pistolet de combat, le revolver d'ordonnance ayant été écarté. Les adversaires devaient être placés à la distance de trente pas et une seule balle devait être échangée à commandement.

Par une fatalité inouïe, et qui ne peut s'expliquer que par le sang-froid dont firent preuve les deux officiers et leur habileté reconnue, au signal de faire feu, une seule détonation se fit entendre, et tous deux tombèrent frappés, M. Suprin d'une balle qui, après lui avoir traversé le poignet droit, est allée se loger dans la poitrine, et M. Zigang d'une balle à la partie charnue de la hanche.

Ce duel a eu malheureusement les conséquences fatales que l'on redoutait. M. Suprin est mort, à l'hôpital, des suites de ses blessures.

OCTOBRE

OCTOBRE

LE JEU

1er octobre.

A cinq heures du matin, rue de Charenton, une forte détonation se faisait entendre dans la boutique de M. B..., marchand de vin, âgé de trente ans environ.

Les voisins, réveillés en sursaut, pénétrèrent dans l'établissement et trouvèrent B... gisant à terre dans une mare de sang.

Il avait un pied déchaussé.

A côté du cadavre se trouvait un fusil de chasse.

Sur une table, une lettre ouverte et signée du suicidé révélait le motif de sa terrible détermination.

B... avait l'habitude de jouer. Depuis quelques jours, il avait essuyé des pertes sensibles ; la veille, dans l'espoir de se rattraper, il avait risqué tout ce qu'il possédait et l'avait perdu.

Rentré chez lui, il écrivit la lettre dont nous venons de parler, mit deux cartouches dans son fusil de chasse, et une seconde après il se faisait sauter la cervelle.

AUX BAINS DE MER

2 octobre.

La plage de Cabourg a été le théâtre d'un drame étrange et des plus émouvants.

Une famille de baigneurs, le mari, la femme, les quatre enfants et une jeune servante de vingt-trois ans y étaient venus passer quelques jours et allaient s'en aller, quand la veille du départ on organisa une dernière pêche aux crevettes.

Le soir venu, la femme et les enfants prenaient le chemin du logis; le mari et la bonne restaient, disant qu'ils voulaient pêcher encore et qu'ils allaient rentrer bientôt. Quelques minutes ne s'étaient pas écoulées que deux pêcheuses du pays, qui traînaient leurs filets dans le voisinage, quittaient précipitamment la plage et, affolées, tremblantes d'émotion, accoururent chez le maire du pays, M. Robinet.

Elles avaient vu, disaient-elles, le mari prendre à la gorge la jeune fille, lui tenir la tête sous l'eau jusqu'à ce qu'elle fût asphyxiée, et s'en aller ensuite tranquillement, laissant sur le bord son filet et celui de sa bonne. Elles ajoutaient que celle-ci n'avait point reparu à la surface et que certainement elle avait été emportée par la mer qui montait.

M. Robinet qui, dans ces circonstances difficiles et délicates au plus haut degré, a su pressentir et démêler tout d'abord ce qui, malheureusement, paraît être la vérité, et assurer l'action ultérieure de la justice, prescrivit immédiatement des recherches que la nuit et le flot montant rendirent infructueuses. Ce n'est que le lendemain qu'on retrouva le cadavre. Il prévint télégraphiquement le parquet de Caen, qui ordonna, le soir même, l'arrestation du mari. On le trouva, dit-on, couché et s'inquiétant peu du sort de sa malheureuse servante.

Le lendemain, tout le pays connaissait le drame, et chacun donnait son avis; les uns croyaient à un accident, d'autres à un suicide. Bien peu acceptaient la possibilité d'un assassinat commis dans de telles conditions, sous les yeux de deux pêcheuses, quand la femme et les enfants venaient à peine de partir; mais l'autopsie de la victime, pratiquée par le médecin, sous les yeux des juges, a démontré que la jeune fille portait au visage et au cou des traces de violence; qu'un des yeux avait été enfoncé dans l'orbite par une pression des doigts; en outre, qu'elle était enceinte de quelques mois.

On apprit alors qu'elle était en service dans la maison depuis cinq ou six ans, qu'elle y était plus considérée qu'une servante ordinaire, qu'elle y prenait ses repas à la table du maître, et enfin qu'elle y avait accouché, il y a quelques années, d'un premier enfant.

Un joli mari, tout de même !

—◇—

DÉTOURNEMENT DE MINEURE

3 octobre.

Un honorable commerçant de Clichy avait une jeune fille qui disparut subitement de la maison paternelle.

Très inquiet, il fit tout ce qu'il put pour retrouver sa fille, mais toutes les démarches qu'il tenta dans ce but demeurèrent sans résultat. Il la croyait perdue, lorsque, quinze jours après, la jeune fille rentra et, se jetant aux genoux de son père, implora son pardon. Elle lui avoua que son séducteur n'était autre que le frère de sa mère. Cet homme, nommé F..., pour mettre son infâme projet à exécution, avait eu soin d'envoyer sa femme et ses enfants en Belgique.

Le retour imminent de ceux-ci lui avait fait délaisser la pauvre fille, et c'est alors que celle-ci, dénuée de tout, se résigna à venir implorer la clémence de son père.

M. X... conduisit aussitôt sa fille dans un couvent, puis déposa une plainte contre le suborneur. F... avait jugé prudent de disparaître sans laisser son adresse, lorsque hier il eut l'audace de se présenter chez sa sœur, en l'absence de M. X...

Mme X... le fit arrêter aussitôt par deux gardiens de la paix.

Pendant ce temps, M. X..., qui se trouvait chez un coiffeur, mis au courant de la visite étrange que sa femme venait de recevoir, courut comme un fou jusque chez lui. F... était parti, entraîné par les agents, au commissariat de police.

X... s'y rendit aussitôt et arriva au moment où le commissaire de police procédait à l'interrogatoire de l'inculpé; sortant un revolver de sa poche, il le dirigea sur son infâme beau-frère et allait faire feu, lorsque les deux gardiens qui se trouvaient aux côtés de F... parvinrent à le désarmer et à le calmer. Quelques instants après, F..., mis sous bonne garde, était envoyé au Dépôt.

UN AUDACIEUX ENLÈVEMENT

5 octobre.

A la fête qu'a donnée le quatorzième arrondissement, la foule affluait de tous les quartiers avoisinants; à certaines heures de la journée, la circulation, surtout sur le champ de foire, devenait difficile.

La veille de la clôture de la fête, vers deux heures de l'après-midi, Marguerite Béal, âgée de six ans, se promenait sur le champ de foire, donnant la main à sa sœur, âgée de huit ans.

Soudain une jeune femme, vêtue de noir, de physionomie agréable, coiffée en cheveux, saisit la petite Marguerite et, se frayant un passage au milieu de la foule, disparut.

Pendant un instant, la sœur de Marguerite a pu suivre la ravisseuse, mais elle n'a pas tardé à la perdre de vue.

LE PARRICIDE DE DIX ANS

6 octobre.

Les époux S..., demeurant rue du Bac, n° 84, où ils tiennent une petite boutique de coiffeur, ont un enfant d'une dizaine d'années.

Les époux ne vivaient pas en très bonne intelligence et se querellaient fréquemment. Un soir, une discussion violente survint entre eux : la femme s'empara d'une paire de ciseaux dont elle menaça son mari ; celui-ci, lui saisissant le poignet, chercha à lui enlever l'arme. Pendant la lutte qui s'ensuivit, Mme S... eut trois doigts de la main gauche littéralement coupés.

L'enfant, voyant sa mère blessée, sortit tout à coup un couteau de sa poche et, s'élançant sur son père, lui en porta un coup violent qui l'atteignit dans la région du cœur.

On courut en toute hâte chercher un médecin, M. le docteur Bernier de Bournonville, qui constata que la lame avait pénétré à une profondeur de trois centimètres.

Après un pansement, le docteur, en raison de la gravité de la blessure de S..., l'a fait transporter immédiatement à la Charité. Il a procédé également au pansement de la blessure de Mme S...

L'enfant, auteur de ce parricide, a été consigné à la disposition de M. Gilles, commissaire de police du quartier.

―◇―

UN SÉDUCTEUR

7 octobre.

A Lille, une jeune fille, portant un tout petit enfant sur les bras, sonnait à la porte d'une maison de la ville et insistait vivement pour y être introduite.

On la repoussa à diverses reprises. La pauvre fille, pleurant à sanglots, raconta alors aux passants qui s'arrêtaient à la vue de cette scène, que le père de son enfant, son ancien maître, refusait de la recevoir alors qu'elle venait solliciter de lui, son séducteur, des secours pour élever le petit être qu'il désavouait.

Cependant la foule grossissait et quelques expressions indignées contre la lâcheté du père étaient allées frapper ses oreilles.

Tout à coup — et c'est ici que la chose faillit tourner au tragique — le domestique du séducteur, qui l'a peut-être servi dans cette circonstance, paraît, furieux, à une fenêtre, un revolver à la main, et il tire un coup de feu sur la foule.

C'en était trop : on se ruait déjà sur la devanture de la maison, et on ne parlait de rien moins que de faire un mauvais parti à l'impudent personnage, quand la police arriva et parvint à calmer la foule irritée et indignée.

Quand fera-t-on une bonne loi contre les séducteurs ?

―◇―

ELLE LUI RÉSISTAIT

9 octobre.

Une jeune fille nommée Marie Boinet, âgée de dix-neuf ans, blanchisseuse, demeurant chez sa mère, rue Viala, 9, sortait d'un débit de vins situé rue Croix-Nivert, 4. Elle cherchait à échapper aux obsessions d'un rôdeur de barrières qui n'avait point cessé toute la soirée de l'accabler de démonstrations amoureuses. La malheureuse avait à peine fait quelques pas sur le trottoir, qu'elle tombait frappée de quatre coups de couteau.

Son agresseur était son trop ardent et féroce amoureux ; il a réussi à prendre la fuite. C'est un nommé X..., bien connu de la police, et qui ne tarda pas à être arrêté. Quant à sa victime, ses blessures sont peu graves; trois coups de couteau ont porté dans l'épaule gauche et le quatrième dans le bras du même côté. Après avoir reçu un premier pansement à la pharmacie Chameret, elle a pu être reconduite à son domicile.

UN NOUVEL HÉLIOGABALE

9 octobre.

Dans l'après-midi, vers deux heures, les habitants de la maison portant le numéro 2 de la rue Charlemagne étaient mis en émoi par une détonation qui paraissait partir de l'escalier. Ils ont aussitôt prévenu les gardiens de la paix qui, après quelques recherches, ont découvert dans les latrines un individu âgé de trente ans, et tenant dans sa main le pistolet avec lequel il avait tenté de se donner la mort.

Une carte d'électeur, trouvée sur lui, a fait connaître que le malheureux était un nommé Bonvalet, instituteur, demeurant rue Doudeauville, 3.

C'est tout de même un drôle d'endroit pour mourir.

UNE FOLLE VIOLÉE ET VOLÉE

12 octobre.

Une jeune fille appartenant à l'une des plus honorables familles de Saint-Pierre-les-Calais a été l'objet d'un horrible attentat.

Cette personne, atteinte de folie, était depuis trois ans à l'asile des aliénées, à Saint-Venant, où ses parents la faisaient soigner d'une manière toute particulière (on donnait 3,000 francs et une bonne). Elle trouva le moyen d'escalader le mur de clôture de cet hospice, parcourut, vêtue de haillons, Lumbres, Desvres, Samer, et arriva jeudi à Caffiers. Le hasard lui fit rencontrer un voiturier qui s'offrit de la conduire à Guines, moyennant une somme de 7 fr. (4 kilomètres de Caffiers à Guines).

Partis à peine depuis quelques minutes, le conducteur exigea de la jeune fille tout l'argent qu'elle portait, environ 32 fr., et avec l'aide d'un autre misérable se livra sur elle aux derniers outrages.

Cette jeune fille, une fois arrivée à Guines, fut reconnue et passa la nuit dans une auberge.

Le procureur de la République et le juge d'instruction de Boulogne-sur-Mer, appelés par dépêche, sont arrivés sur les lieux et ont confronté le voiturier avec cette personne ; il a tout avoué.

MARI ET FEMME

15 octobre.

Une scène des plus dramatiques s'est passée rue de Montmorency, 50, entre le nommé Richon, placier, âgé de trente-cinq ans, et sa femme.

Vers trois heures du matin, les voisins, brusquement éveillés par des cris désespérés, des appels : « Au secours ! » accoururent et, enfonçant la porte du logement, se trouvèrent en présence d'un affreux spectacle.

Richon, pour clore une dispute des plus aigres commencée la veille au soir, s'était emparé d'une paire de longs ciseaux et, après en avoir porté deux coups à sa femme, avait cherché à se tuer en se frappant dix-sept fois avec la même arme.

Tandis qu'ils désarmaient ce malheureux, et qu'ils prodiguaient les premiers soins aux deux époux, les voisins firent prévenir M. du Tremblier de Chauvigny, commissaire de police du quartier, qui arriva bientôt, accompagné d'un docteur.

La malheureuse femme avait été atteinte à la

mâchoire et au-dessous de l'oreille gauche Cette dernière blessure présente une certaine gravité.

Quant au mari, il s'est fait à la poitrine dix blessures dont deux graves, et sept autres au cou, dont une paraît mortelle.

DEUX SŒURS

18 octobre.

Deux sœurs, deux orphelines, Céline et Marie V..., couturières, occupaient ensemble un modeste logement, rue Pascal. Très estimées dans le quartier, elles avaient fini par se créer une clientèle et pu réaliser quelques économies. Elles s'aimaient tendrement. L'une d'elles, Marie, tomba malade, et sa sœur la soigna avec un dévouement qui ne se démentit pas. Mais le mal prit des proportions tellement graves, qu'une issue fatale était à craindre d'un moment à l'autre.

Marie V... ne reconnaissait plus personne. Céline interrogea le docteur et le supplia de lui dire si tout espoir était perdu. Le docteur, qui connaissait l'attachement des deux jeunes filles, hésita pendant quelques moments, puis il déclara à Céline que sa sœur n'avait que quelques heures à vivre.

Pendant que la malade râlait son dernier souffle, Céline, prise d'un violent désespoir, s'enferma dans un cabinet voisin de la chambre où sa sœur expirait et s'asphyxia.

—◇—

LE TRAMWAY ÉLECTRIQUE

22 octobre.

M. F..., demeurant rue Boissy-d'Anglas, 4, se promenait vers dix heures, sur la place de la Concorde, avec sa femme, lorsque, arrivé sur la voie du tramway électrique, il voulut traverser.

La voiture, lancée à toute vitesse, venait de quitter le bâtiment élevé auprès des chevaux de Marly. M. F... n'entendit pas les appels du conducteur et s'engagea sur la voie, malgré les cris des voyageurs.

La voiture, qui venait de tourner pour se diriger dans l'allée qui conduit à la porte du Palais de l'Industrie, renversa M. F..., et lui passa sur le corps. Les deux jambes furent séparées du tronc au-dessus des genoux. Mme F..., qui avait eu la présence d'esprit de se garer sur le trottoir, tomba évanouie pendant qu'on s'empressait autour de son mari.

M. F... ne perdit pas connaissance et donna lui-même son adresse au commissaire de police du quartier des Champs-Elysées, accouru à la première nouvelle de l'accident.

Mais, ramené à son domicile, il rendit bientôt le dernier soupir.

―◇―

POUR TUER GAMBETTA

23 octobre.

M. Gambetta l'a échappé belle !

Le nommé Émile Florian, ouvrier à Reims, persuadé que M. Gambetta était cause de la prolongation de la grève, vint à Paris avec l'intention bien arrêtée de lui faire subir le sort du citoyen Marat.

Après avoir rôdé inutilement pendant quelques jours autour de la villa qu'habite M. Gambetta à Ville-d'Avray, il ne voulut pas retourner à Reims sans avoir au moins tué en effigie celui qu'il considérait comme l'ennemi des classes ouvrières. Aussi résolut-il de faire passer de vie à trépas *un monsieur décoré*.

Passant devant le n° 178 de l'avenue de Neuilly, Florian aperçut un monsieur portant le ruban rouge à la boutonnière. Il s'approcha et tira sur lui à bout portant en criant :

— Tyran, je suis le justicier du peuple !

Fort heureusement, le monsieur visé ne fut pas atteint et se sauva à toutes jambes.

Florian voulut se faire justice à lui-même et se tira un coup de revolver dans la bouche, mais il ne se fit qu'une légère blessure à la joue.

M. Quesnel, attiré par les détonations successives, put désarmer cet individu et le conduire chez le commissaire de police, auquel il raconta son affaire le plus tranquillement du monde.

Il a été écroué au Dépôt et M. le docteur Legrand du Saulle a été appelé à examiner son état mental.

LES RODEURS DE NUIT

23 octobre.

L'audace de certains malfaiteurs dépasse maintenant toutes les bornes ; rassemblés par bandes de six ou sept, non seulement ils dévalisent les passants, mais encore ils font tête à la police, quand celle-ci arrive au secours des détroussés.

M. Charles Avenot passait la nuit rue de Vouillé, quand il se vit entouré par une bande de sept ou huit individus qui cherchèrent à lui faire un mauvais parti.

Avenot se défendit tant bien que mal, et cria au secours. Ses cris furent entendus par deux gardiens de la paix qui se portèrent aussitôt à son secours.

Les malfaiteurs, abandonnant alors le passant, entourèrent les deux agents, qu'ils attaquèrent à coups de couteau. L'un des gardiens, nommé Bur, fut frappé au cou et au-dessus de l'œil gauche ; son collègue, Schmidt, plus heureux, n'eut que sa tunique lardée de coups de couteau.

Les deux agents, bien qu'ils eussent mis le sabre à la main, auraient probablement succombé si d'autres de leurs collègues ne fussent venus à leur secours.

Quatre des malfaiteurs purent être arrêtés ; les autres réussirent à prendre la fuite.

UNE ESCROQUERIE FUNÈBRE

28 octobre.

Au cimetière du Père-Lachaise, une jeune femme en grand deuil était agenouillée près d'une tombe et sanglotait d'une façon navrante. Une veuve, Mme Hacher, qui, depuis la mort de son mari, il y a vingt ans, vient deux fois par semaine visiter sa tombe, se sentit émue par la douleur profonde de cette affligée, et n'hésita pas à lui prodiguer ses consolations. Elle apprit que la belle désolée se nommait la comtesse de Montrond, qu'elle habitait un château dans la Côte-d'Or et qu'elle était venue visiter la tombe de son mari, mort il y a un mois à peine.

La jeune veuve paraissait si accablée de douleur que Mme Hacher lui offrit de l'accompagner jusqu'à son hôtel.

En route, la comtesse raconta qu'elle se trouvait dans un certain embarras, ne pouvant payer le marbrier qui avait construit la tombe de son mari. Elle fit voir une dépêche qui lui annonçait pour le lendemain l'envoi d'une somme de deux mille francs. Mme Hacher la conduisit chez elle, boulevard Voltaire, où elle lui offrit immédiatement l'avance d'une somme de sept cents francs.

La comtesse, après un peu d'hésitation, accepta l'offre en promettant à sa nouvelle amie de revenir le lendemain lui remettre la somme empruntée. En sortant, elle engagea Mme Hacher à venir la voir à l'hôtel de Paris et de Bretagne où elle était descendue.

Trois jours après, Mme Hacher ne la voyant pas revenir, alla se renseigner à l'hôtel indiqué. Là on lui déclara qu'on n'avait jamais entendu parler de la prétendue comtesse.

L'infortunée Mme Hacher vit alors qu'elle avait été dupée par une habile aventurière et porta plainte.

UN FAUX ATTACHÉ D'AMBASSADE

28 octobre.

Encore un négociant qui a été victime de sa trop grande crédulité.

Il suffit, en effet, pour capter la confiance de nos bons commerçants parisiens, de s'affubler d'un titre quelconque, et de se poser en grand seigneur étranger.

M. G..., un des plus grands négociants du quartier du Palais-Royal, entrait, un jour, en relations avec un jeune homme disant se nommer S...ki, être le fils d'un riche propriétaire russe et de plus attaché d'ambassade.

S...ki dit à son ami de fraîche date qu'il avait à faire escompter une traite de 15,000 francs, traite payable à Paris, à l'ambassade russe. G... s'empressa de faire les fonds de la valeur et de les remettre au pseudo-diplomate.

Au jour de l'échéance, la traite revint impayée, naturellement.

Le lendemain, dans le but de prévenir une catastrophe immédiate, un second Russe, se faisant annoncer sous le nom de P...off et se prétendant colonel, également attaché d'ambassade, se présenta chez le pauvre M. G... et, lui exhibant des lettres ayant un cachet de parfaite authenticité, parvint à lui persuader que la traite était excessivement bonne et que les fonds destinés au remboursement allaient arriver sous peu de jours.

S...ki arriva sur ces entrefaites, et l'honorable, mais trop confiant négociant, honteux d'avoir pu soupçonner un seul instant son noble ami, lui livra séance tenante, pour lui prouver toute sa confiance, une splendide parure en diamants, d'une valeur de 12,000 francs.

Le tour était joué, la dupe suffisamment exploitée ; les deux chevaliers d'industrie ne donnèrent plus signe de vie.

Inquiet de cette façon d'agir, le négociant se résolut à faire ce par où il aurait dû commencer. Il se rendit à l'ambassade ; on n'y connaissait, bien entendu, ni S...ki, ni le colonel P...off.

La police dut intervenir ; des agents de la sûreté se rendirent à l'adresse qu'avait donnée le prétendu fils du riche propriétaire russe ; mais on n'y trouva qu'une jeune et jolie femme, absolument ignorante des faits imputés à son amant.

Indignée d'avoir eu des relations avec un pareil individu, elle donna sur lui les renseignements les plus précis et fit connaître que l'audacieux escroc était parti la veille pour Londres, lui promettant d'être de retour dans quelques jours.

Quant à P...off, grâce aux indications fournies par la jeune femme, il fut cueilli dans un logement qu'il occupait avenue Hoche. Ce colonel de fantaisie exerce tout simplement la profession de *rimeur*. C'est un poète russe incompris.

Dans la perquisition qui a été faite à son domicile, on a trouvé tout un matériel d'imprimerie.

Il utilisait ses loisirs à la fabrication de pièces fausses, dont son complice et lui se servaient dans les circonstances que nous venons de relater.

Le poète a été écroué à Mazas, et des démarches sont faites par la police française pour obtenir du gouvernement anglais l'extradition du *faux attaché d'ambassade*.

―◇―

UN VOL DE 300,000 FRANCS

29 octobre.

Deux employés de l'Hôtel des Ventes de la rue Drouot étaient occupés au nettoyage d'une salle, quand l'un d'eux découvrit, caché dans un coin, un assez volumineux paquet.

La feuille qui l'enveloppait laissait voir en certains

endroits, par ses déchirures, des obligations du chemin de fer de l'Ouet.

Pensant que cette trouvaille avait une certaine valeur, ils s'empressèrent de la porter chez M. Pollet, commissaire du quartier, qui la transmit à la préfecture.

Là, on s'aperçut bientôt que les valeurs que renfermait ce paquet étaient frappées d'opposition et faisaient partie d'un vol important, commis dans les circonstances suivantes :

Mme D..., rentière, rue de Vaugirard, qui possède une fortune assez considérable, faisait connaissance, au mois de septembre dernier, d'une de ses voisines, Mme T...

Elle l'invita fréquemment à dîner, et cette dernière profita de l'accueil qui lui était fait pour s'immiscer dans les affaires de Mme D... Elle acquit bientôt la certitude que celle-ci possédait un avoir de 500,000 francs environ, dont 300,000 en valeurs contenues dans un secrétaire.

Depuis ce jour, toutes ses convoitises se tournèrent vers le précieux meuble. Il lui en fallait à tout prix la clef. Elle l'eut, car, profitant un soir du sommeil de la vieille rentière, elle parvint à s'emparer de cette précieuse clef. Puis, courant au secrétaire, elle l'ouvrit, prit les valeurs et s'enfuit.

Ce n'est que le surlendemain que Mme D... constata la disparition d'une partie de sa fortune, en même temps que d'une quantité considérable de bijoux, argenterie et autres objets qui, depuis longtemps déjà, avaient été soustraits par l'habile voleuse.

Elle porta immédiatement plainte.

―◆―

SINISTRE MARITIME

30 octobre.

Six bateaux pêcheurs, dont trois appartenant au port de Boulogne et trois au Portel, petit village maritime, à deux pas de la ville, étaient partis pour la pêche du hareng sur la côte anglaise, avec un grand nombre d'autres bateaux. Au bout de six semaines, ils n'étaient pas encore rentrés.

Ils avaient été engloutis dans la tempête qui a sévi avec tant de violence le 14 octobre. Les marins qui ont échappé à la mort se sont rendus, aussitôt arrivés, têtes nues et encore tout équipés, au sanctuaire de Notre-Dame-de-Boulogne.

Cette nouvelle catastrophe, inouïe dans les annales du port de Boulogne, a fait, sur cent quatorze hommes perdus, *quatre-vingt-seize* veuves et *deux cent quatre-vingts* orphelins.

On n'a pas d'exemple non plus d'un pareil sinistre venant fondre sur une localité relativement aussi peu importante que le Portel, puisque ce village ne comporte que 4,300 habitants et que, pour sa part, il aura plus de la moitié des veuves et des orphelins.

DIEU LE FILS

31 octobre.

M. X..., sa femme et son fils, locataires d'un petit logement sis au deuxième étage du n° 8 de la rue Berthollet, furent excessivement surpris en voyant leur fenêtre s'ouvrir avec fracas et livrer passage à un homme portant pour tout vêtement une simple chemise et un bonnet de coton.

L'inconnu, se préoccupant peu de son costume un peu léger pour la saison, leur dit, avec un doux sourire :

— Ne vous effrayez pas. Je suis Dieu le Fils et viens pour vous sauver.

M. X... et sa femme, voyant à qui ils avaient affaire, écoutèrent complaisamment leur visiteur, et l'amusèrent pendant que leur fils courait prévenir les gardiens de la paix.

A la vue de l'uniforme, le pauvre fou se mit à

trembler et, courant vers la fenêtre, voulut se précipiter dans la rue; heureusement, on avait deviné son projet et on put l'arrêter.

Il se blottit alors, craintif, dans un coin de la pièce et y resta fort tranquillement pendant qu'un des agents cherchait et trouvait, sur son unique vêtement, la marque de l'hôpital du Val-de-Grâce.

L'enveloppant dans une couverture, on le réintégra à l'hospice, où il fut reconnu pour un nommé Clarian, sapeur-pompier.

Sous l'influence d'un accès de fièvre, il avait réussi à sortir de la salle, à escalader un mur d'une hauteur de cinq mètres, puis à grimper à la force du poignet le long d'une conduite d'eau jusqu'au deuxième étage et à gagner la fenêtre par laquelle il était entré.

NOVEMBRE

NOVEMBRE

AU CAFÉ-CONCERT

1er novembre.

Un incendie considérable a éclaté la nuit, dans le concert Mottier, situé dans le quartier du Gros-Caillou, avenue Bosquet, 20. Déjà un commencement de feu s'était déclaré vers onze heures, dans un logement dépendant du concert, et avait été éteint par les artistes. Il reprit une heure plus tard après la fermeture. L'établissement est construit en planches recouvertes de papier goudronné, de sorte que les flammes l'eurent bientôt envahi.

Des gardiens de la paix, en tournée dans les environs, accoururent aux premières lueurs de l'incendie et abattirent immédiatement les planches de clôture en attendant les pompiers. Une fumée épaisse, se dégageant de la combustion du bois et du goudron, envahit les appartements voisins, et bientôt des fenêtres s'ouvrirent et des cris : « Au secours ! » se firent entendre. Les locataires des étages inférieurs purent se sauver, mais ceux des étages supérieurs, menacés par les flammes qui s'élevaient en tourbillonnant, avivées par une bise du nord-est, étaient sérieusement menacés.

Le gardien Vanmaissard, du XV° arrondissement, suivi de son collègue Richard, monta au sixième étage. Les flammes y avaient déjà pénétré et la fumée était si suffocante, qu'en voulant couper une porte enflammée avec son sabre, il tomba asphyxié dans le feu. Son camarade se précipita sur lui et le redescendit dans la rue, où il reçut les soins du docteur Frébault, député, qui s'était rendu immédiatement sur le lieu du sinistre. Le malheureux gardien, les mains grièvement brûlées, fut transporté à l'hôpital du Gros-Caillou.

Le gardien Meyer, reprenant la place du blessé, acheva d'enfoncer la porte et trouva dans une chambre une pauvre vieille femme de soixante-dix-sept ans, à demi-morte de peur, qu'il descendit dans la rue sur ses épaules.

Un autre gardien, nommé Keimeringer, a pu aussi sauver une locataire du sixième étage, Mme Berton. En s'enfuyant, une femme, surprise par un torrent de fumée, était tombée asphyxiée sur les escaliers et avait roulé jusque sur le palier du premier étage. Elle a été ramassée par le gardien Durand, qui l'a transportée sur ses épaules dans la rue, où des soins l'ont ranimée.

Le spectacle était saisissant. Les gardiens de la paix, qui ont déployé un sang-froid et un courage au-dessus de tout éloge, entraient et sortaient de la maison incendiée, rapportant toujours quelque personne arrachée à une mort certaine. On croyait tout le monde sauvé : « Ma fille ! ma fille ! » crie une femme qui s'enfuit à demi vêtue.

Le gardien Papier s'informe. L'enfant est au deuxième étage. Il gravit les escaliers, se dirige à tâtons dans la fumée, visite tous les appartements et trouve enfin une petite fille âgée de dix ans qu'il rapporte à demi asphyxiée à sa mère.

Une dame Molin, qui occupait un logement du sixième étage et qui était accouchée la veille d'un enfant mort-né, allait périr sur son lit lorsque ses cris ont attiré des voisins qui s'enfuyaient et qui l'ont transportée à l'hospice Leprince, rue Saint-Dominique.

Les pompes à vapeur de Passy et de la cité sont arrivées à 1 h. 20 m. sur le lieu du sinistre ; secondées par les pompiers des postes voisins accourus à la première alarme, elles ont circonscrit le feu après deux heures de travail.

UN INFANTICIDE

16 novembre.

Une jeune fille, nommé Florentine M..., âgée de vingt-cinq ans, au service de M. P..., rue de Louvois, paraissait indisposée depuis quelques jours. Malgré les conseils de sa maîtresse, elle continuait à travailler, disant que le malaise qu'elle éprouvait finirait bien par se dissiper.

A bout de force, elle demanda à Mme P... la permission de monter dans sa chambre. Celle-ci y consentit. Dans la soirée, elle monta auprès de sa bonne pour s'informer de son état et lui demander si elle voulait qu'on fît venir un médecin.

Quelle ne fut pas sa surprise de trouver la malheureuse tout ensanglantée. Elle venait de mettre au monde un enfant qu'elle avait enveloppé dans une serviette et jeté sous son lit. Le cou du petit portait encore les traces sanguinolentes des doigts de sa mère.

L'état de la fille Florentine M... étant très grave, le commissaire de police, M. Relly de Balnègre, l'a autorisée à demeurer dans sa chambre, où un agent l'a gardée à vue jusqu'au moment où on put la transporter au Dépôt.

UN GARÇON BOUCHER ASSASSIN

17 novembre.

Un gardien de la paix, nommé Antoine Marquet, de service aux abattoirs de Grenelle, allait et venait dans la cour, lorsqu'un individu, armé d'un couteau, se précipita sur lui sans raison et le frappa à coups redoublés.

Des bouchers se précipitèrent sur le furieux et dégagèrent le gardien qui était tombé ensanglanté sur la chaussée. Le malheureux a reçu trois blessures : la première dans la région postérieure du cou, la seconde au bras gauche et la troisième, qui met ses jours en danger, dans la région du cœur. On l'a transporté immédiatement à l'hôpital Necker.

Son meurtrier est un alcoolisé du nom de Bourgeois, garçon boucher qui a été déjà arrêté pour vol. La foule s'est rapidement amassée autour de lui; mais il répondait à ses menaces par des paroles sans suite et des gestes désordonnés.

UNE SCÈNE BIEN AMUSANTE

23 novembre.

Elle s'est passée rue Joubert, vers cinq heures du soir. La foule s'était attroupée autour d'un individu en livrée galonnée que tenait par les bras un gardien de la paix. L'accoutrement du personnage était extraordinaire : une capote neuve, à col brodé d'or, à boutons de cuivre ; pour coiffure, une casquette de soie crasseuse ; son pantalon était effrangé et ses souliers éculés.

Le gardien faisait remarquer à l'individu que l'éclat de sa capote jurait un peu avec ses vêtements et le soupçonnait de l'avoir dérobée quelque part. Notre homme protestait, se déclarant employé au Bon Marché. C'était, en effet, la livrée de la maison.

On allait le relâcher lorsqu'un passant conseilla à l'agent de vérifier si la livrée n'appartenait pas à un brave homme en bras de chemise, gilet jaune et pantalon bleu qui se désolait devant une voiture du Bon Marché arrêtée auprès du numéro 14 de la rue Joubert, parce qu'il ne trouvait plus sa tunique.

On conduisit l'inconnu en livrée jusque-là, où le véritable employé reconnut son vêtement. Il était en train de livrer des marchandises lorsque le voleur, passant devant la voiture, avait aperçu la capote pliée sur la banquette avec un portefeuille dans la poche. Après l'avoir endossée, il avait continué son chemin sans presser le pas; mais il ne s'était pas rendu compte de l'effet bizarre qu'il produisait, doré ainsi sur toutes les coutures, avec un pantalon, une casquette et des souliers en ruine.

On l'a conduit au bureau de M. Taylor, commissaire de police, où il a avoué son vol. C'est un sieur Lefloc, âgé de trente-cinq ans, se disant ouvrier couvreur.

LE VOL DANS LES VOITURES

24 novembre.

Un fourgon de l'Administration des postes s'arrêtait, vers dix heures du matin, devant la maison de M. Bacot, agent de change, 13, rue Lafayette. Le facteur descendit, ouvrit la porte d'arrière, prit un paquet de lettres chargées à l'adresse d'un banquier du voisinage, referma la porte et s'éloigna. Sur son siège le cocher demeurait immobile.

Un individu, s'approchant alors de la voiture, ouvrit la portière à l'aide d'une clef carrée, s'empara d'un sac renfermant des valeurs et s'éloigna.

Un employé de M. Bacot l'ayant aperçu à travers les carreaux, sortit et se mit à sa poursuite, mais le voleur, profitant d'un encombrement de voitures, disparut.

Le facteur a déposé une plainte au commissariat de la rue de Provence.

DÉCEMBRE

DÉCEMBRE

UN MARI TROMPÉ

1er décembre.

Le gardien de la paix B... se doutait depuis longtemps que sa femme le trompait et recevait ses amants pendant qu'il était de service; mais toujours fort exact à son poste, il n'avait jusqu'à présent pas encore pu trouver sa femme en flagrant délit.

Irrité par les plaisanteries continuelles de ses camarades, il se décida à surveiller sa femme et, un matin, au lieu de se rendre au poste qui lui était indiqué, il revint chez lui, ouvrit doucement la porte et surprit sa femme avec un homme. Tous deux étaient complètement nus. Aucun doute ne lui était possible et, transporté de fureur, il se jeta sur les deux amants et les roua de coups, puis, s'acharnant sur son rival heureux, il le prit à bras le corps et le jeta par la fenêtre ouverte.

On était au deuxième étage.

Sans la moindre émotion, B... alla reprendre son service, et lorsqu'il l'eût terminé, raconta à ses chefs, en arrivant au poste de police, tout ce qui venait de se passer. C'était un excellent agent, estimé de ses chefs, aimé de ses camarades. Il déplorait depuis longtemps la conduite de sa femme. On le laissa donc en liberté.

Quant à l'amant, c'est un nommé L..., une sorte de trop beau pour rien faire, qu'on a transporté à l'hôpital Necker où il est mort en quelques heures, sans éprouver la moindre souffrance, des suites de lésions internes.

EN CHEMIN DE FER

1er décembre.

M. Gennevrose, âgé de soixante-quatorze ans, employé de commerce, demeurant à Saint-Leu-Taverny, s'arrêtait, pour se rendre à son travail, à la station de Port-Marcadet, sur la ligne de ceinture. La portière du wagon était ouverte. Le train était en retard de quelques minutes; M. Gennevrose, pour gagner du temps, sauta hors du wagon.

Au lieu de descendre sur le trottoir, le malheureux s'élança sur la voie au moment même où passait un train lancé à toute vapeur. Deux secondes après les lambeaux de son corps étaient ramassés le long des rails et ramenés dans un fourgon.

―◇―

A TOULON

2 décembre.

Un vieillard, M. Et. Blanc, marchand de cochons, qui logeait un ouvrier de l'arsenal nommé François Bellet, avait promis à son locataire de lui céder sa petite maison moyennant une faible rente viagère. Bellet, espérant que M. Blanc mourrait bientôt, accepta; mais le vieillard, jouissant d'une excellente santé, continuait à se porter parfaitement bien. Son locataire résolut donc de s'en débarrasser. Pendant que M. Blanc donnait à manger à ses porcs, Bellet lui tirait un coup de fusil à 6 mètres de distance. La victime tomba foudroyée dans l'auge. L'assassin roula une cigarette et se rendit chez le commissaire de police auquel il raconta froidement ce qui venait de se passer.

―◇―

SUITES D'IVRESSE

6 décembre.

Les habitants des rues Chénier, Sainte-Foix et Saint-Denis, réveillés par des cris désespérés, se précipitaient une nuit hors de chez eux, cherchant à se rendre compte de ce qui avait pu provoquer la panique à laquelle ils avaient eux-mêmes cédé. Après avoir longtemps cherché, mais en vain, on finit par rencontrer la femme Labbé, maîtresse d'une maison de tolérance située rue Sainte-Foix. A peine habillée, à peine vêtue, elle se décida, entrecoupant son récit de hurlements plaintifs, à raconter ce qui suit :

Vers deux heures, une de ses pensionnaires, qui ne dormait pas encore, alla prévenir qu'elle entendait des gémissements poussés dans la boutique d'un marchand de vin situé juste en face de la maison de tolérance. La femme Labbé traversa la rue et frappa à la porte du marchand de vin. Le patron, un nommé Mahet, en costume de nuit et tout couvert de sang, entr'ouvrit la porte et tomba à ses pieds, évanoui. La femme Labbé, sans perdre son sang-froid, alluma le gaz et constata que le marchand de vin perdait son sang par une blessure béante au bas-ventre. Sur les signes de cet homme, Mme Labbé monta au premier étage, et là, dans une petite chambre à coucher, trouva la femme Mahet également en costume de nuit, étendue à terre et sans connaissance, avec un revolver à ses côtés. Grâce aux soins qu'on lui prodigua, elle revint bientôt à elle.

Le commissaire de police, aussitôt prévenu, se rendit sur les lieux accompagné d'un médecin, qui constata que le mari et la femme étaient dans un état d'ivresse aussi complet que possible. Le commissaire de police, après une enquête des plus minutieuses, a pu se convaincre qu'il n'avait affaire qu'à de vulgaires pochards.

DÉTOURNEMENT DE SUCCESSION

9 décembre.

Tous les Parisiens se souviennent d'avoir vu, dans les fêtes foraines des environs de Paris, Saint-Cloud, Saint-Germain, Vincennes, Joinville-le-Pont, un grand beau vieillard à barbe blanche, vêtu à l'orientale, qui tenait un jeu de tourne-vire. Il y a quelques mois, au moment même où il disait à Saint-Cloud, dans sa baraque, à de nombreux spéculateurs, la phrase sacramentelle : « Rien ne va plus, messieurs ! » il tomba raide mort.

Il était absolument oublié et on ne pensait nullement à lui, lorsque tout récemment on a appris que le parquet de la Seine s'occupait d'une curieuse affaire de détournement de succession.

Cette succession était celle de ce beau vieillard à barbe blanche, qu'on croyait un enfant perdu de Paris, et qui était simplement un Arabe, Musa-ben-Oued, né à Constantine. Venu en France il y a quelque vingt ans, il avait commencé par vendre des dattes, des figues, des nougats en costume de son pays. Et comme il était muet, il s'était adjoint une associée qui ne tarda pas à devenir sa maîtresse. Peu à peu, à force d'économies, il réunit une petite somme qu'il fit fort habilement augmenter, et qui était devenue, à l'époque de sa mort, une véritable fortune. Son associée, sa maîtresse pour mieux dire, s'empara de la succession, croyant qu'elle lui appartenait de plein droit ; mais, au bout de quelque temps, sur une plainte adressée au procureur de la République de Paris par les parents que Musa-ben-Oued avait laissés en Algérie, celui-ci fit venir l'associée du vieil Arabe et l'engagea à restituer la succession. Elle a refusé fort catégoriquement, en disant que c'était grâce à elle que Musa avait gagné de quoi vivre, qu'elle y avait autant de droits que lui et bien plus de droits que la famille de Constantine. C'est un procès civil ; il sera peut-être encore pendant après la mort de la maîtresse de Musa et la disparition de sa famille et des enfants des enfants de ses parents...

L'INCENDIE DU RING-THEATER

10 décembre.

Le matin du 10 décembre, arrivaient différentes dépêches annonçant que le *Ring-Théâtre* de Vienne avait été dévoré par un horrible incendie. Le feu avait pris, suivant une dépêche, avant le commencement de la représentation ; mais, suivant deux autres dépêches, les spectateurs occupaient déjà en masse leurs places.

Les versions diffèrent sur la cause de l'incendie ; le feu a pris sur la scène, d'où il s'est propagé avec une rapidité furieuse.

Les uns croient qu'il y a eu une explosion de gaz ; les autres attribuent le sinistre à l'imprudence d'une personne qui maniait sur la scène une lampe à alcool. Le public, qui occupait jusqu'aux combles toutes les places de la salle, s'est précipité fiévreusement vers les issues donnant sur les couloirs.

Comme les dégagements étaient insuffisants, eu égard à cette affluence extraordinaire, il s'en est suivi un désordre indicible.

Le sauvetage a été opéré au moyen de toiles tendues et d'échelles. Le foyer de l'incendie, qui était cerné par un cordon de soldats, présentait un aspect navrant indescriptible.

La plupart des personnes qui ont péri appartenaient aux classes populaires ; ce sont des ouvriers et de petits boutiquiers. Beaucoup de jeunes gens et d'enfants parmi les morts. Quelques machinistes et quelques musiciens de l'orchestre. Le théâtre était très plein : c'était jour de fête; on célébrait l'anniversaire de la proclamation de l'Immaculée-Conception de la Vierge. On devait jouer, comme les jours précédents, les *Contes d'Hoffmann,* par Offenbach. Le correspondant viennois de la *Gazette de Cologne* a raconté que, le matin, il avait voulu acheter une place au théâtre ; il n'y en avait plus de libres : on peut juger par là de la foule considérable qui était pressée dans la salle au moment où l'incendie a éclaté.

A six heures trois quarts, les galeries supérieures du théâtre étaient bondées; le parquet et les loges se remplissaient; les acteurs sortaient de leurs loges pour descendre sur la scène; un employé, quelques minutes avant sept heures, allumait une dernière rangée de becs de gaz près du rideau, lorsque tout à coup, soit que trop de gaz se fût échappé des becs, soit que l'allumeur se fût approché de trop près du rideau, un jet de flammes jaillit. Le régisseur s'écriait : « Commencez! » On lui répondit en criant : « Au feu! au feu! » Le gaz fut immédiatement éteint, et la salle entière se vit plongée dans des ténèbres complètes. L'incendie se propagea si rapidement qu'il fut impossible, à cause des flammes, de baisser le rideau de fer qui sépare la scène de la salle. Cinq bouches d'eau placées au-dessus de la scène ne furent pas ouvertes. Les petites lampes à huile des couloirs n'étaient pas allumées : les issues par lesquelles on aurait pu se sauver n'étaient pas éclairées.

Dans la salle, le trouble, la confusion, le désespoir furent horribles. Un certain nombre de personnes réussirent à gagner les escaliers et à se sauver par une porte. D'autres cherchèrent à gagner les fenêtres des corridors, le balcon, et se jetèrent dans la rue. La plupart de ceux qui eurent recours à ce moyen se cassèrent bras et jambes. A sept heures cinq minutes, les premiers pompiers arrivèrent et, avec leurs échelles, ils réussirent à sauver un grand nombre de personnes. On tendit des draps sous les fenêtres, et plus de soixante personnes sautèrent d'une hauteur de trois étages. D'autres pompes arrivèrent au grand galop et écrasèrent plusieurs personnès dans l'immense foule qui entourait le théâtre. On essaya de pénétrer dans l'intérieur de l'édifice. Il fallut d'abord écarter des monceaux de cadavres qui encombraient les issues : on s'était étouffé près de la sortie.

Les pompiers reconnurent bientôt qu'il fallait se borner à préserver les maisons voisines.

Le matin, des poutres brûlaient encore.

Le théâtre avait été bâti en 1872. Le style de la façade était italien, avec une loggia ouverte, dont la coupole était tapissée de mosaïques.

A l'intérieur, la salle, qui pouvait contenir 2,500 spectateurs, était décorée avec une richesse inouïe. L'or était répandu à profusion, les colonnes courant le long des loges étaient en marbre, les tentures, les draperies étaient du plus grand prix. C'était un théâtre de luxe, qui, sous ce rapport, rivalisait avec l'Opéra.

Le Ring-Theater fut connu d'abord sous le nom de « théâtre de l'Opéra-Comique, » à cause du genre qui devait y être cultivé ; le *Krach* de 1873 étant survenu, les affaires de la direction périclitèrent et, après une saison très courte, il fallut fermer.

Depuis cette époque, plus de vingt tentatives furent faites pour galvaniser le théâtre. On y essaya tous les genres ; aucun n'y réussit et les directeurs firent faillite l'un après l'autre. Pendant quatre ou cinq ans, le théâtre est resté sans troupe fixe ; mais toutes les troupes de passage à Vienne y ont donné des représentations. Mme Patti y a chanté pendant deux hivers et elle avait traité pour la saison de 1881 à 1882 ; une compagnie française voulut y tenter la fortune l'hiver précédent ; mais elle réussit assez mal, puisque les artistes qui la composaient durent être rapatriés aux frais de l'ambassade. Un magnétiseur eut plus de veine ; quelques assistants l'ayant accusé d'imposture, il en résulta des bagarres qui, en se renouvelant tous les jours, attiraient la foule, avide de scandale. Enfin, l'été dernier, M. Gaunet, l'ancien directeur de l'Opéra, prit à bail le malheureux théâtre.

Disposant de moyens financiers considérables, il engagea deux bonnes troupes, l'une pour la comédie, l'autre pour l'opéra, et il conclut un traité avec Mlle Sarah Bernhardt, qui a donné au théâtre une première série de représentations, et qui devait en donner le mois suivant.

Dans la séance de la Chambre des députés de Vienne, le président a parlé dans des termes émus de l'épouvantable catastrophe du théâtre du Ring. Il a exprimé sa profonde compassion et a ajouté qu'il ne pensait pas que la Chambre fût en état de délibérer.

Toute la Chambre a manifesté son assentiment.

M. Édouard Suess, parlant au nom des représentants de la ville de Vienne, a remercié le président de ses sentiments sympathiques. Les paroles de M. Suess ont été accueillies par des applaudissements.

Le député tchèque, M. Rieger, a déclaré ensuite qu'il pensait aussi que la séance devait être levée, en présence de la catastrophe qui venait d'atteindre la ville de Vienne, où les députés ont toujours trouvé un accueil si hospitalier. L'orateur a dit qu'il espérait que la charité humaine s'efforcerait d'adoucir les maux causés par la catastrophe.

Au conseil municipal, le maire a exprimé, en termes émus, la profonde douleur occasionnée par la catastrophe et a chargé la commission des finances de présenter au plus tôt un projet en vue d'adoucir la situation des survivants.

Tous les théâtres ont donné des représentations au profit des familles des victimes.

On songeait d'autant moins à la possibilité d'une catastrophe, qu'après l'incendie du théâtre de Nice le conseil municipal de Vienne avait fait visiter tous les théâtres de la ville par une commission prise dans son sein et avait fait prendre diverses mesures nouvelles en vue d'assurer la sécurité des spectateurs. La commission avait compté sans l'employé chargé d'allumer le bec de gaz de la scène qui a mis le feu au rideau.

L'acteur Lindau, qui devait jouer dans les *Contes d'Hoffmann,* raconte ainsi ce qu'il a vu de la catastrophe :

« Il était sept heures moins un quart. On venait de donner aux artistes le deuxième signal annonçant que, dans un quart d'heure, la représentation commencerait. Je venais d'achever mes préparatifs dans la garde-robe; j'avais endossé mon tricot et mon frac vert et j'entrais en scène; j'étais arrivé à peu près au milieu, lorsque j'entendis un cri de terreur effroyable; je vis aussitôt ce qu'il y avait. Un employé était en train d'allumer les lampes du soffite (dessous du plafond) avec une longue perche au bout de laquelle se trouve un petit réservoir contenant de l'essence minérale et duquel émerge une mèche allumée. Il approcha la mèche trop près d'une toile qui sert de décoration au premier acte. Cette décoration représente l'intérieur d'un cabaret. La toile s'enflamma en un clin d'œil ; la flamme se communiqua à une espèce de toile qui tombe au dernier acte, en manière de rideau intermédiaire.

» Je me vis aussitôt entouré d'une mer de feu et je vis l'employé sauter en arrière. Le jaillissement énorme et subit de la flamme doit avoir provoqué un courant d'air très vif. Une colonne de feu se dirigea tout droit sur le rideau principal qui séparait la salle de la scène et y fit un large trou ; par ce trou, elle entra dans la salle, gagna les galeries et les enveloppa comme d'un manteau mortel. Je n'entendis qu'un seul cri, immense, cri d'indicible terreur et d'horrible désespoir. Je me jetai en arrière, et je tombai sur le directeur. Nous nous précipitâmes vers la porte de sortie de derrière du théâtre, nous nous jetâmes dans la rue; nous fîmes le tour du théâtre, nous élançant vers la grande porte d'entrée du devant pour gagner de là l'escalier principal d'entrée : nous voulions voir si le public s'était sauvé.

» Le foyer et l'escalier principal étaient vides, et un instant nous pûmes croire que tout le monde avait échappé au feu. Mais aussitôt l'horrible réalité se présenta à nous. Le directeur tomba évanoui et fut emporté par un monsieur. Je me lançai de nouveau vers la porte de derrière pour rentrer dans la garderobe et voir si je pourrais aider à sauver quelqu'un. Je pus me débarrasser du tricot et du frac, et je sortis dans le corridor. Ici j'entendis des appels au secours ; des choristes femmes, fardées et vêtues de leurs costumes, descendaient en courant les escaliers, plusieurs d'entre elles, qui n'avaient pas achevé leur toilette, étaient en chemise et en jupon. Je leur montrai l'issue par où elles pouvaient échapper, et je rencontrai l'inspecteur du feu, Nitsche, qui demeure à l'étage supérieur du théâtre. Il trouva sa femme évanouie dans sa chambre, la chargea sur son dos et l'emporta. Je pris ses deux enfants et le suivis.

» Arrivé au deuxième étage, je vis déjà la flamme sortir du théâtre et lécher l'escalier. Le rideau de fer qui, sur ce point, sépare le théâtre de l'escalier était ouvert ; je descendis le rideau d'un coup et nous étions en sûreté. Nous entrâmes au second, dans la chambre du secrétaire du théâtre, et nous réussîmes à jeter une partie des meubles par la fenêtre. Je remontai au troisième étage. Là, je vis un spectacle horrible : un employé de la garde-robe était pris dans le rideau de fer qui sépare également au troisième la scène de l'escalier ; le malheureux s'était évidemment jeté vers la sortie, avait levé le rideau, mais était tombé asphyxié ; le rideau était retombé sur lui et l'avait écrasé contre le plancher. »

Un spectateur du parquet a raconté ce qui suit : « Au premier cri de : « Au feu ! », quand la flamme jaillit du trou du rideau, une fumée étouffante se répandit dans la salle. La confusion fut horrible. Tout le monde veut gagner l'entrée, quelques personnes tombent, on leur passe sur le corps. On court, on court, on arrive aux portes, on s'arrête : les portes sont trop étroites. La catastrophe arrive. Un grand nombre courent dans les corridors obscurs, s'égarent et ne trouvent point d'issue. Une troupe de spectateurs de la quatrième galerie s'était échappée par un de ces corridors et était arrivée à une fenêtre donnant sur le *Schottenring* (boulevard des Écossais). Ils virent qu'ils ne pouvaient se sauver que par cette fenêtre, car derrière eux les flammes arrivaient. Ils élevèrent les mains et crièrent dans la rue qu'on leur tendît des échelles : il n'y en avait pas. Il y avait déjà des pompiers sur la place, mais ils étaient si troublés qu'au début ils ne firent rien du tout.

» Pendant ce temps, on vit paraître à toutes les fenêtres les personnes qui criaient : « Au secours ! » comme les premières. C'était horrible ! On en vit alors quelques-unes faire mine de sauter dans la rue. Des milliers de personnes d'en bas leur crièrent de n'en rien faire : — Attendez un moment, les échelles vont venir. Les échelles ne venaient pas. Ceux d'en haut poussaient des cris horribles, ceux d'en bas répondaient par des cris tout aussi horribles. Enfin, on apporte une échelle, elle est trop courte ! Nouveaux cris d'horreur, de terreur en haut, d'indignation en bas. Enfin, on arrive à tendre des draps. On crie d'en bas : « Sautez ! vite ! » mais l'un après l'autre. Et ceux d'en haut commencent à sauter ; mais beaucoup, arrivés sur le rebord, hésitent ; on est obligé, en bas, de les encourager : « Vite ! Vite ! ne craignez rien. » Ils sautent ; arrivés à terre, ils sont incapables de prononcer une parole. Ceux qui ne sautent pas sont atteints par les flammes. »

Les causes principales des proportions effroyables qu'a prise la catastrophe sont les suivantes :

On a négligé d'abaisser le rideau métallique qui sépare la scène de la salle ; on a éteint le gaz et plongé la salle dans une obscurité complète, négligeant d'allumer les lampes de secours ; les pompiers n'ont pas été avertis assez tôt.

Un rédacteur de la *Nouvelle Presse libre* a raconté qu'il a passé devant le théâtre du Ring quelques minutes après l'explosion de l'incendie. Il fut frappé du petit nombre de personnes qui s'échappaient par la porte d'entrée du théâtre. Ceux qui apparaissaient s'arrêtaient sous la porte, se retournant, se demandant évidemment si leurs parents, si leurs amis les avaient suivis, n'osant pas s'éloigner, faisant mine de rentrer. La police fut obligée de saisir plusieurs personnes par le bras et de les forcer à dégager la porte. On remarqua un vieux monsieur, très bien mis, qui, pendant une heure, s'est tenu au pied du balcon d'où quatre-vingts personnes s'élancèrent l'une après l'autre sur les draps tendus, et qui, continuellement, d'un ton à fendre l'âme, criait en français : « Julie, es-tu là-haut ? » Il ne reçut pas de réponse.

Un des premiers qui s'élancèrent vers la porte d'entrée, ce fut un choriste en costume, les cheveux brûlés. Arrivé au milieu de la place, il s'arrêta, puis comme frappé de folie subite, il se mit à tournoyer sur lui-même en criant : « Au secours ! au secours ! » Et enfin il tomba évanoui.

Quand on est parvenu à la troisième galerie, on y a trouvé une masse énorme de cadavres, les bras emmêlés, enserrés les uns par les autres de telle façon qu'on ne peut douter qu'il ne se soit livré là un combat horrible entre les fuyards qui ne pouvaient avancer dans l'obscurité, se gênaient, s'arrêtaient les uns les autres, et cherchaient à se repousser mutuellement pour trouver une issue.

Des spectateurs qui ont pu se sauver ont raconté qu'un grand nombre de personnes des galeries et des loges, voyant les issues de ces galeries et de ces loges encombrées, ont sauté dans le parterre et ont dû périr là.

Le nombre des personnes qui n'ont pas reparu s'élève à 917, y compris les cadavres retrouvés et reconnus.

Le commissaire de police Patzelt, qui, deux heures après l'explosion de l'incendie, a pénétré dans le théâtre et a pu monter vers la galerie avec quelques-uns de ses hommes, a fait un récit qui complète ceux qu'on vient de lire : « Lorsque nous apprîmes qu'il y avait encore du monde au troisième étage, nous nous lançâmes sur les escaliers aussi rapidement que le permettait l'obscurité et, arrivés en haut, nous allumâmes des torches. Nous trouvâmes la porte qui conduit des galeries dans le corridor, fermée ; elle ne céda pas à nos efforts ; un pompier, qui nous avait suivis, la fit voler en éclats avec sa hache. Un spectacle horrible s'offrit à nos regards : appuyés contre la porte gisaient ou se tenaient debout un grand nombre de cadavres. Nous tirâmes à nous, par les habits, un certain nombre de cadavres et nous les portâmes aussi rapidement que possible à la direction de la police (située presque en face du théâtre). Les cadavres étaient tellement emmêlés qu'en les tirant, nous leurs arrachions les pieds ou les bras. Moi seul, j'ai emporté neuf cadavres. Nous venions d'en descendre un certain nombre, lorsque la quatrième galerie s'écroula sur la troisième, et une masse de corps humains tombèrent dans le fond du théâtre, d'où s'élevait une mer de feu. Il n'y avait plus rien à faire. Il fallut s'éloigner pour sauver sa propre vie. »

Après le *Requiem*, qui a été chanté à la cathédrale Saint-Étienne, la cérémonie funèbre, organisée par le conseil municipal, a eu lieu au cimetière central, où des détachements de cavalerie et d'infanterie avaient été échelonnés pour maintenir l'ordre.

On avait élevé au cimetière, entre des arcades, un magnifique catafalque éclairé par plusieurs centaines de flambeaux.

De chaque côté du catafalque, soixante-dix cercueils en métal reposaient sur des supports recouverts de draperies noires.

Les cercueils portaient, les uns des noms, les autres des numéros (ces derniers cercueils étaient ceux des victimes non reconnues).

Il s'est produit des scènes déchirantes au moment où les survivants des personnes mortes pendant l'incendie du théâtre ont longé les deux côtés du catafalque, les uns cherchant les cercueils des victimes reconnues, les autres gémissant et sanglotant près des cercueils numérotés.

Le cortège funèbre est arrivé à onze heures; tous les membres du conseil municipal en faisaient partie; il y avait, en outre, un grand nombre de députés, de membres du personnel des théâtres, de représentants de l'aristocratie, d'étudiants et de membres des associations et corporations.

Cinq minutes après l'arrivée du cortège, on a chanté des chœurs funèbres, et la cérémonie religieuse a eu lieu ensuite, conformément au programme.

Le clergé des différentes religions y était représenté.

Un pasteur protestant et un rabbin ont aussi prononcé des discours funèbres.

Le bourgmestre de Vienne est monté sur l'estrade et a exprimé, dans des termes émouvants, les sentiments de deuil éprouvés par la population de Vienne, de toute l'Autriche et du monde entier.

Il a ajouté que la sépulture des victimes de l'incendie serait l'objet des plus grands soins et qu'on élèverait à cet endroit un monument destiné à rappeler aux générations à venir la terrible catastrophe du Ring-Théâtre.

On a ensuite descendu les cercueils dans la tombe commune.

Pendant le *Requiem*, une dame paraissant appartenir à la classe aisée de la société a été prise d'une violente crise nerveuse, qui s'est terminée par un terrifiant accès de rire. L'infortunée, devenue subitement folle, a dû être emportée à travers la foule immense qui remplissait l'intérieur et les abords de l'église.

Que de deuils, comme on voit, que de malheurs ! Mais sera-ce la dernière catastrophe de ce genre ? Il faudrait pour cela... tant de choses, qu'on n'ose l'espérer.

UN FIDÈLE COCHER

11 décembre.

Il y en a peut-être, mais s'il y en a, il n'y en a pas des tas. Celui-ci stationnait près de la Gaîté. Trois personnes s'approchent de sa voiture :

— Il n'y a que deux places.

— Cela ne fait rien, nous nous caserons, lui répondent les voyageurs, et ils s'empilent tant bien que mal dans le véhicule.

— Rue ***, à Grenelle !

— Ah ! dit-il, vous allez à Grenelle, moi je vais aux Batignolles, et il le fait comme il le dit.

Les voyageurs, qui n'avaient nullement fait attention au cocher ni à ce qu'il répondait, s'aperçoivent enfin qu'au lieu d'être à Grenelle ils sont aux Batignolles. Sur l'avenue de Clichy, l'un d'eux s'aperçut et dit au cocher de s'arrêter. Celui-ci fait la sourde oreille et se met à taper à bras raccourcis sur sa Rossinante. L'un des voyageurs sauta par la portière pour arrêter le cheval. Il roula à terre grièvement blessé à la tête et aux genoux. Sans s'inquiéter de ses cris de détresse, des objurgations de ceux qui l'accompagnaient et étaient restés dans la voiture, le cocher continua son train. Quelques sergents de ville accoururent, parvinrent à arrêter le cocher et à le conduire au poste. M. le préfet de police a été prévenu que le cocher portait le numéro 10,634 et a sans doute pu lui appliquer la ridicule peine disciplinaire dont les cochers se préoccupent autant que d'un piéton écrasé.

VOLEURS ET AGENTS

12 décembre.

Deux agents de police faisaient en bourgeois une ronde sur le boulevard de Belleville. Apercevant plusieurs individus d'allures suspectes, le gardien Millot eut l'idée de traverser le boulevard en feignant l'ivresse et de se coucher sur un banc.

Les rôdeurs s'approchèrent immédiatement, et, comme Millot ronflait, ils commencèrent à fouiller dans ses poches. Au moment où l'un d'eux décrochait sa montre, l'agent bondit sur pied et saisit le voleur au collet.

Toute la bande assaillit Millot et il eût succombé sans l'arrivée de deux autres gardiens en uniforme. La lutte fut acharnée.

Enfin force resta à la loi et l'on arrêta trois des voleurs. Le gardien Millot avait plusieurs dents cassées et crachait si abondamment le sang qu'il a fallu le reconduire à son domicile. Un autre, Breugnot, a reçu au côté gauche un coup de couteau si violent que la lame a traversé le drap de la capote et un portefeuille en cuir bourré de papiers, grâce auquel il n'a pas été absolument renversé...

LE CRIME DE CHARENTON

12 décembre.

Mme Stordeur, propriétaire d'une maison située 232, rue de Charenton, y habitait depuis de longues années et menait la vie la plus exactement régulière qu'on puisse imaginer. Très vive et très alerte pour son âge, elle se passait de domestique et vaquait elle-même aux soins de son petit ménage. Ses voisins et ses locataires connaissaient toutes ses habitudes, et, tous les matins, on savait qu'il était sept heures précises en la voyant descendre de son logement pour aller aux provisions. C'est grâce à la régularité de cette habitude qu'on a découvert le crime dont elle a été victime.

Une dame Mesme, locataire, ne voyant pas descendre, comme de coutume, Mme Stordeur, alla frapper à sa porte. Personne ne répondit. Mme Mesme alla aussitôt prévenir le commissaire de police, qui vint quelques heures après, et, trouvant la porte fermée, fit briser une porte vitrée par laquelle on put pénétrer dans l'appartement. Mme Stordeur était étendue ensanglantée sur le carreau de sa chambre à coucher. La mort remontait environ à deux jours, ainsi que le constata un médecin que le commissaire de police avait envoyé chercher. Mme Stordeur avait été assommée et étranglée. Les meubles étaient fracturés. Tous les objets de valeur avaient disparu. Comme d'habitude, la justice a informé. Après de longues hésitations, par hasard, on a enfin retrouvé l'assassin.

Au moment même où on préparait le service funèbre de Mme Stordeur, dans l'église Saint-Éloi, le mandataire de la justice s'emparait de l'assassin.

Voici comment on y était arrivé... Renseignement pris, on était parvenu à savoir qu'un jeune homme, qui portait le prénom de Charles, était venu à plusieurs reprises voir la femme Stordeur. Ce jeune homme, âgé de vingt et un ans, pâle, cheveux châtains, de petite taille, était courtier en librairie. Il était accompagné d'une jeune fille brune qu'il présentait comme sa sœur... On l'avait aperçu, sortant de Paris par la route de Lille, quelques jours après le crime...

Deux agents se rendirent à Creil, munis l'un d'une

boîte de bijoux, l'autre d'une balle de colporteur ; ils allaient de maison en maison, offrant leurs marchandises et faisant causer les gens. On leur indiqua, comme bon client, un tout jeune homme récemment marié, M. Charles, rue Montataire, 12. M. Charles était absent. On arrêta Mme Charles. Deux heures après, on arrêtait M. Charles.

C'est un M. Charles Bistor, âgé de vingt et un ans, réfractaire... Il a fait des aveux complets. Il a été autrefois étudiant en droit...

Sa *sœur*, ou sa *femme*, est de Lyon. Elle aurait servi dans les brasseries sous le nom d'Anna.

—◇—

UNE AFFAIRE MYSTÉRIEUSE

16 décembre.

Vers deux heures de nuit, des gardiens de la paix relevaient, à la hauteur du 173 de la rue Lafayette, contre la clôture en planches de la gare de l'Est, le cadavre d'un vieillard paraissant appartenir à la classe aisée. Il avait une fracture au crâne, plusieurs côtes enfoncées, le poignet droit cassé.

On trouva dans ses poches une somme de trente francs, une belle montre aux initiales G. L. C. ;

mais aucun papier ne fut découvert ; sur les tirants des bottines cette adresse : 65, rue de Richelieu.

Le bottier, M. Robert, ne put donner d'indication. Il se rappela qu'un de ses amis, M. M..., concierge d'une maison de la rue Lafayette, et cordonnier en neuf, se servait parfois de tiges de bottines fabriquées chez lui.

Une heure plus tard, M. M... annonçait que le défunt devait être Ramon F..., propriétaire d'un grand hôtel de la rue Lafayette, près de la rue de Buffault.

Celui-ci, en effet, avait disparu. Marié depuis peu, il fut ramené à son domicile... Jugez de l'émotion de sa jeune femme...

L'enquête a été ouverte. Espérons qu'elle aboutira.

—◇—

UN HABILE ESCROC

17 décembre.

Il mettait dans les journaux des annonces offrant des places de gérants, régisseurs... Il recevait beaucoup de lettres. A chaque postulant, il répondait la même chose : « Je crois que vous ferez l'affaire ; mais j'ai besoin de vous voir. Envoyez-moi donc la moitié des frais de voyage pour que j'aille causer avec vous. »

Les gens envoyaient l'argent. Il ramassa ainsi 1,700 francs avec lesquels il fit une tournée chez ses dupes, par lesquelles il se fit loger et nourrir. Naturellement, il leur déclarait qu'ils ne pouvaient faire l'affaire.

Émile Donat, puis Jules Baron, qui se disait ancien officier, né à Strasbourg, professeur de français en Allemagne, a été arrêté.

CE SCÉLÉRAT DE POIROT!

20 décembre.

Une jeune couturière, Pauline Georges, a tiré, un soir, cinq coups de revolver, sans l'atteindre, sur son amant, Ernest Poirot.

Interrogée, elle a déclaré qu'elle regrettait de n'avoir pas tué Poirot : elle voulait se suicider ensuite... N'approfondissons pas les causes de ce mystère.

LE DRAME DE SAINT-MANDÉ

22 décembre.

Au numéro 6 de la rue du Bel-Air demeurait, depuis plusieurs années, un vieillard très vert et très alerte encore, M. Jean Fougeau.

Veuf, il noua des relations avec Mme B..., âgée de cinquante et un ans, habitant dans la même maison. Les relations devinrent tendues.

Un matin, vers dix heures, M. Fougeau quittait son appartement et montait chez Mme B... Quelques minutes après une détonation retentissait et des cris perçants jetaient l'alarme dans la maison. Mme B... descendait en criant : « Il veut me tuer!... »

On courut après le meurtrier, qui était rentré chez lui et avait fermé toutes les cours. La porte fut enfoncée.

Le premier objet qui frappa les yeux fut celui du cadavre, encore palpitant, de M. Fougeau, pendu à un portemanteau de l'antichambre.

ÉTRANGE AGRESSION

26 décembre

MM. Scrive, Lesur et le médecin-major du 73ᵉ de ligne, voyageant dans une voiture de première classe sur la ligne de Lille, ont été victimes d'une tentative criminelle audacieuse.

Entre les postes d'Arras et de Béthune, un coup de feu fut tiré et le projectile traversa le compartiment occupé par les voyageurs.

La balle effleura le visage de M. Scrive; les éclats de la vitre atteignirent le front du médecin-major. M. Lesur n'eut qu'une égratignure.

TABLE DES MATIÈRES

ASSASSINATS

L'île Barbe..........................	14
Le parricide.........................	44
Un criminel de quinze ans............	56
Chez M. Legouvé.....................	93
Infanticide..........................	97
Un mari pressé......................	117
Le régime dotal.....................	118
Elle aimait trop le bal..............	120
L'Esplanade des Invalides............	128
Le roman du sous-officier............	132
Les frères ennemis...................	149
Le pion assassin....................	151
Mœurs italiennes....................	154
Étéocle et Polynice..................	156
Un ami des animaux.................	161
Un bon mari........................	165
Vol et assassinat....................	169
Une aventure mystérieuse............	172
Le concierge bigame.................	181
Les ouvriers........................	190

Un nouvel Orsini........................ 199
Dans un lavoir......................... 207
Le père dénaturé....................... 208
Le parricide de dix ans................ 223
Elle lui résistait..................... 225
Un infanticide......................... 248
Un garçon boucher assassin............. 249
A Toulon............................... 257
Le crime de Charenton.................. 278
Une affaire mystérieuse................ 280

VOLS

Souliers à doubles semelles............ 5
Les Chevaliers du brouillard........... 43
La voleuse d'enfants................... 45
L'attaque d'un train................... 70
Un cocher à qui on vole sa voiture..... 87
A qui le mort?......................... 98
Escroc par le mariage.................. 100
Un audacieux filou..................... 110
Un faux marin.......................... 114
Guet-apens............................. 116
Un caissier infidèle................... 140
Un Prussien............................ 167
Un fils de famille turc................ 173
Vol et sacrilège....................... 179
Utilité des journaux................... 180
Chez une belle petite.................. 182
Le vol à l'amitié...................... 192

TABLE DES MATIÈRES.

Après le bal.	195
A qui le râtelier ?	196
Un audacieux enlèvement	222
Les rôdeurs de nuit.	232
Une escroquerie funèbre	233
Un faux attaché d'ambassade.	235
Un vol de 300,000 francs.	237
Une scène bien amusante.	250
Le vol dans les voitures.	251
Détournement de succession.	259
Voleurs et agents.	277
Un habile escroc.	281

FOLIE

Le père de la Mascotte.	7
Un fou qui se noie.	10
Un fou et une folle drôles	38
Le fou de l'omnibus.	41
M. de Richemont.	66
Un fou en mer.	67
Une folle.	69
Le fou de l'Elysée	82
Un médecin dans l'embarras.	105
Un soldat fou.	139
A l'Opéra	142
Sauvagerie de paysans.	170
Pour tuer Gambetta.	231
Dieu le fils.	240

SUICIDES

Suicide par amour.	37
Un père désespéré.	40
Il n'y a plus d'enfants.	42
Le général Ney.	50
Au bal de l'Opéra.	59
A l'agence Havas.	72
Mort pour Irma	90
Pêche à l'homme.	122
Un peintre.	146
Un concierge empressé.	152
A la suite d'un procès.	184
Les jeux de Bourse.	186
Le jeu.	217
Un nouvel Héliogabale.	226

ADULTÈRE

Mme Santerre.	11
Le bigame sans le savoir.	15
Un faux ménage.	30
Passage du Désir.	41
A la Bonne-Rencontre.	115
Une mère dénaturée.	146
Oncle et neveu.	163
Un bigame par discrétion.	175
Accusation mensongère.	185
Un bigame audacieux.	185
Aux bains de mer.	218
Un mari trompé.	255

AMOUR

Chagrin d'amour.	6
Assassin par amour.	39
Substitution d'enfant excusable.	68
Amoureux de Mme Judic.	74
Un fiancé violent.	104
Hussards et payses	121
Amour à l'italienne.	127
Le roman du sous-officier.	132
Désespoir.	162
Deux sœurs.	229
Ce scélérat de Poirot.	282
Le drame de Saint-Mandé.	283

PROSTITUTION

Anna l'ouvrière	46
Le mystère de la rue de Morée.	54
Rue Duphot.	64
Détournement d'enfant.	89
Rue de la Smala.	102
Entre souteneurs.	171
Brasserie de femmes.	188
La vie galante.	189
Les filles.	209

VIOLS

Un ami.	47
Détournement de mineure.	220
Un séducteur.	224
Une folle violée et volée.	227

JALOUSIE

Changement à vue.	3
Le vitriol au théâtre.	48
Le vitriol à l'église.	64
Actrice assassinée par son mari.	77
Militaires et civils.	125
Les deux maîtresses.	149
Un mari trop jaloux.	153

MISÈRE

La fin d'un artiste.	75
Le réchaud.	83
Une enfant abandonnée.	92
La mère et l'enfant.	109
Une veuve.	142
Un noyé têtu.	150

ACCIDENTS ET DIVERS

Un gymnaste imprudent.	9
Dans la neige.	16
La petite Babin.	17
Une seconde petite Babin.	28
Un bœuf enragé.	63
Le chloroforme.	73
Partie de canot.	76
Noyée dans un baquet.	88
Ce que peuvent les pharmaciens.	90
La femme, le gendarme et le gardien de la paix.	101
Superstition.	103
Un sénateur injurié.	130
Toujours les pistolets.	131
Dans un égout.	148
Ecroulement d'une caserne.	165
Les machines d'imprimerie	168
Un vieil obus.	192
Le tramway électrique.	230
Sinistre maritime.	239
En chemin de fer.	256

COUPS ET BLESSURES

MM. Arthur Meyer et de Monclin	31
Victime de sa concierge.	113
Le duel et le bon droit.	122

TABLE DES MATIÈRES.

Entre l'arbre et l'écorce................. 167
Nos bons paysans...................... 174
Les chiens se défendent................. 180
Une vengeance....................... 193
Les deux lieutenants................... 212
Mari et femme....................... 228
Un fidèle cocher...................... 276
Etrange agression..................... 284

IVRESSE

Charmante idée de pochard.............. 112
Pauvre enfant........................ 164
Suite d'ivresse....................... 258

INCENDIES

Les magasins du Printemps.............. 19
Le théâtre de Nice.................... 79
Dans un cirque....................... 194
Au café concert...................... 245
L'incendie du Ring-Theater............. 261

Paris. — Imp. Vve P. Larousse et Cie, rue Montparnasse, 19.

Bibliothèque JULES ROUFF
PARIS, 14, Cloître-Saint-Honoré, 14, PARIS

Collection à 3 francs le volume.

Camille ALLARY
Laurence Clarys.

Odysse BAROT
Les Amours de la Duchesse Jeanne.
John Marcy.
Le Procureur | Le Clocher de Chartres.
  impérial. | Le Condamné.

Alexis BOUVIER
La Grande Iza.
La Femme du Mort.
Le Mouchard.
La Belle Grêlée.
Malheur aux Pauvres.
Mademoiselle Olympe.
Le Mariage d'un forçat.
Les Créanciers de l'Échafaud.
Mademoiselle Beau-Sourire.
Isa Lolotte et Cie.
La Princesse Saltimbanque.
Les Soldats du Désespoir.
Le Fils d'Antony.
Bayonnette, histoire d'une jolie fille.
Auguste Manette.

Alphonse BROT
Les Nuits terribles.
Miss Million.

A. BROT et SAINT-VÉRAN
Les Compagnons de l'arche.

Jean BRUNO
M'sieu Gugusse.

Alexis CLERC
Si nous causions Femmes.
Frère Nicéphore.

Achille DALSÈME
L'Envers de Paris.

Pierre DELCOURT
Agence Tabourcau (Célérité et Discrétion).
Ficelle, successeur de Tabourcau.

Ch. DIGUET
Moi et l'Autre.
Le Bâtard du Bourreau.

Constant GUÉROULT
L'Affaire de la rue du Temple.
La Bande à Fifi-Vollard.

Henry DE KOCK
La Fille d'un de ces Messieurs.

Jules LERMINA
Les Mariages maudits.
La Haute canaille.

Jules MARY
La Faute du Docteur Madelor.
Les Nuits rouges.

Princesse OLGA
Vie galante en Russie (Effeuillons la marguerite).

G. de PARSEVAL-DESCHÊNES
Les Mystères | L'oubliette du Mannequin
 du Hasard. | Une Erreur judiciaire.

Henri ROCHEFORT
Mademoiselle Bismarck.
De Nouméa en Europe.
Les Naufrageurs.
Les Dépravés.
Les Mystères de l'Hôtel des Ventes.

Maxime RUDE
Le Roman d'une Dame d'honneur (second Empire).
Une Victime de Couvent.
Le Cousin infâme.

Paul DE SAINTE-MARTHE
Une Attaque nocturne.

Paul SAUNIÈRE
Monseigneur.
Le Secret d'or.

E. THIAUDIÈRE
La Petite-fille du Curé.
Le Roman d'un Bossu.

VAST-RICOUARD
La Danseuse de corde.

A. WAHU
Le Pape et la Société moderne.

YVES GUYOT
L'Enfer social.

Collection à 3 fr. 50 le volume.

Mémoires de M. CLAUDE, chef de la police de sûreté sous le second Empire. (5 *volumes parus.*)

Jules GROS
Les 773 millions de Jean-François Jollivet.

Carle DES PERRIÈRES
Rien ne va plus.
Paris-Joyeux.

Faits divers de l'année 1881.

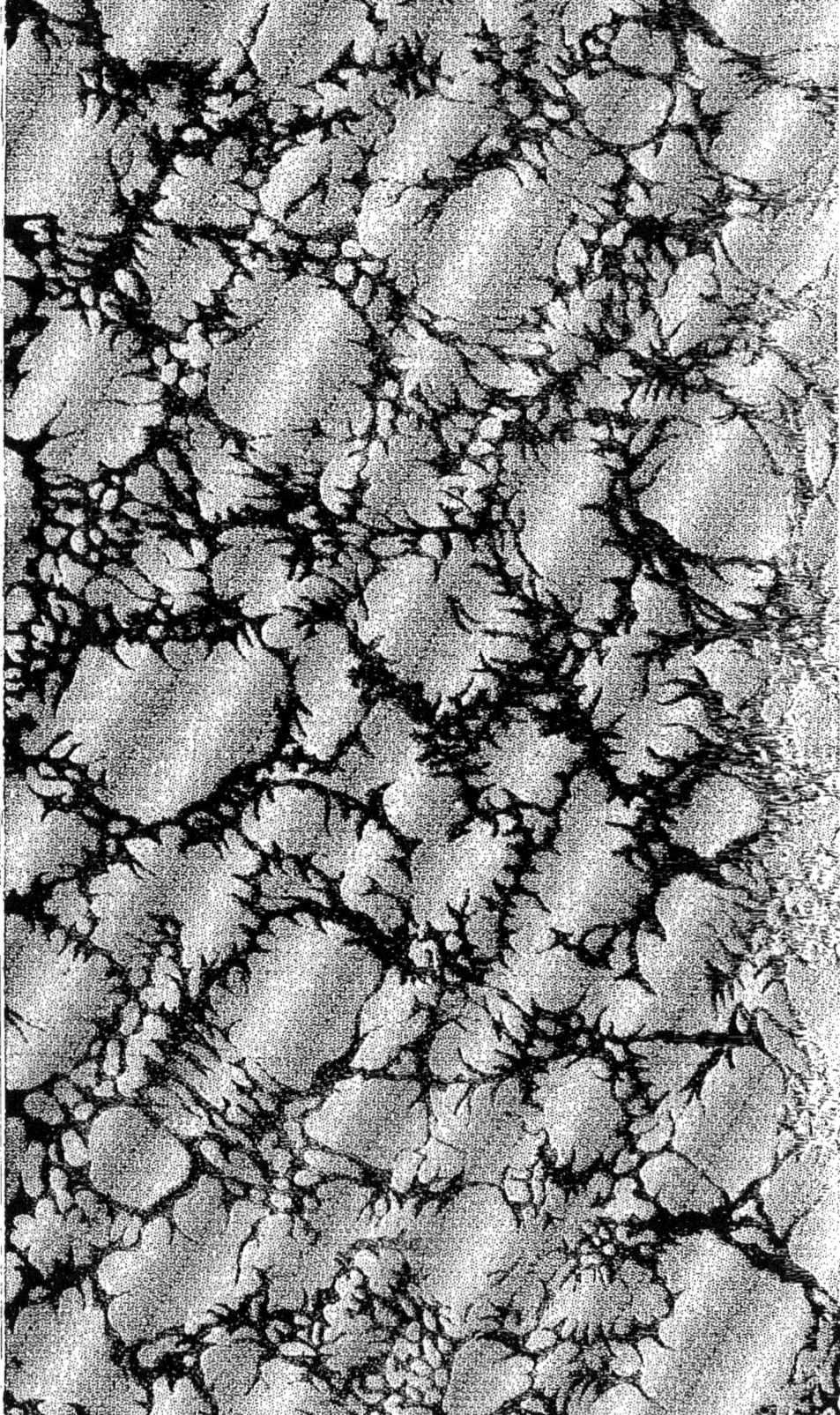

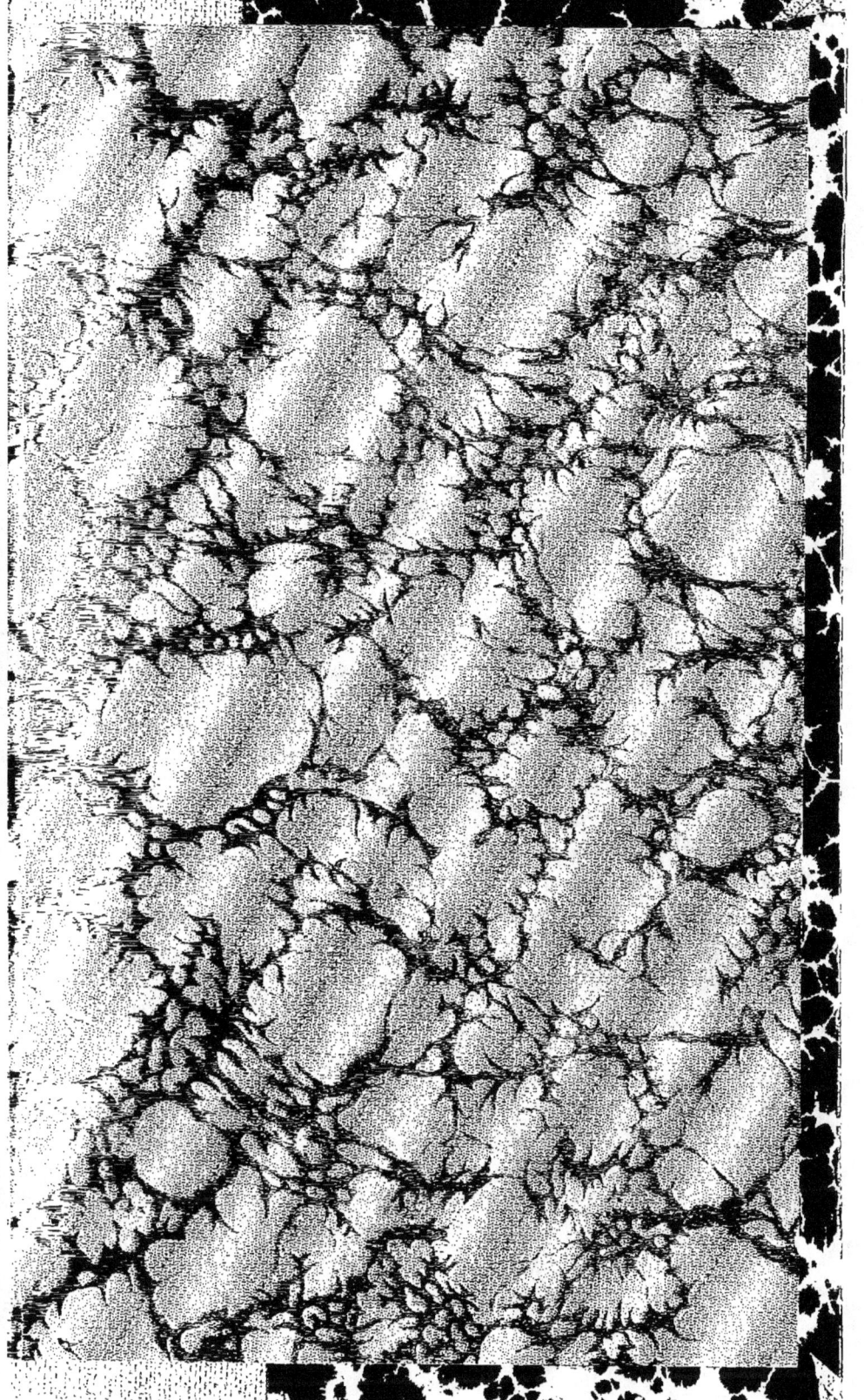

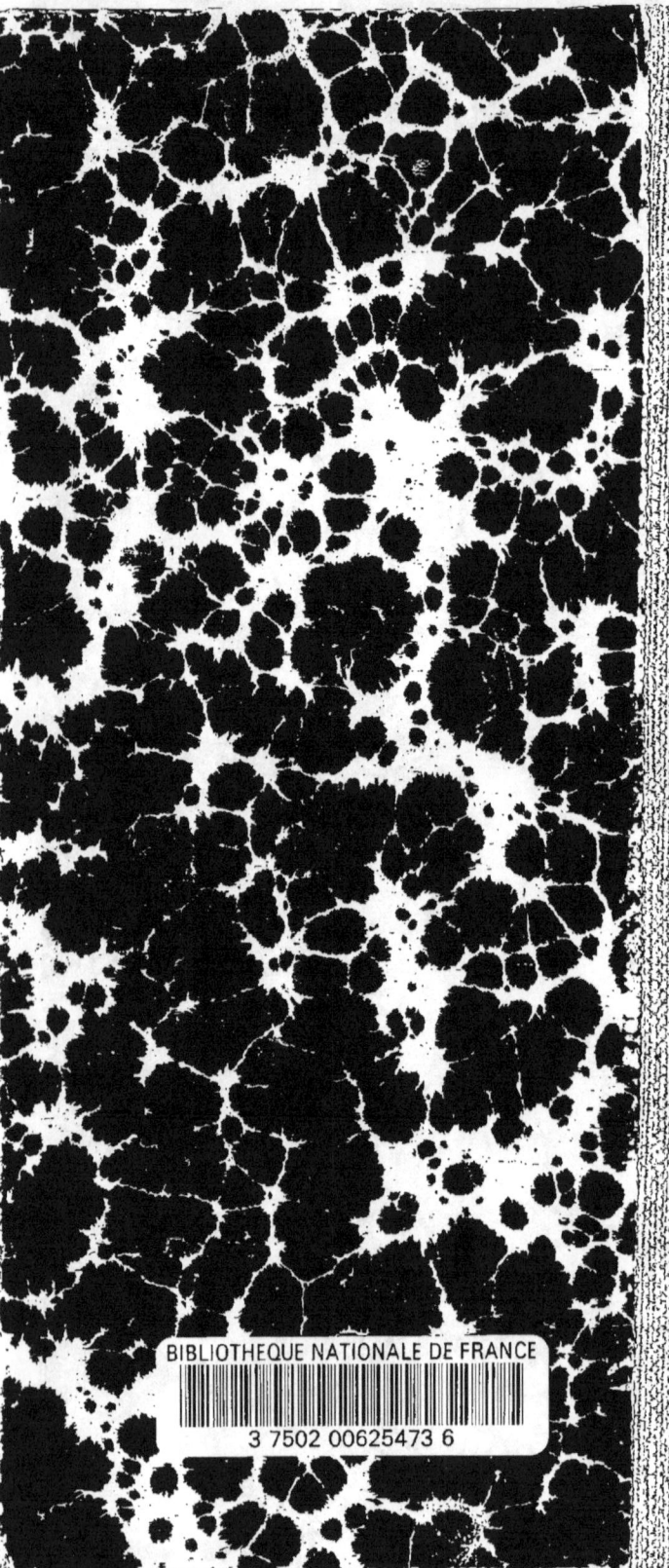

www.ingramcontent.com/pod-product-compliance
Lightning Source LLC
Chambersburg PA
CBHW071337150426
43191CB00007B/765